KB236475

인성수업이 답이다

인성수업이 답이다

인성수업이 답이다

초판 1쇄 2017년 5월 12일

지은이 | 정동섭
펴낸이 | 박종태
펴낸곳 | 비전북
출판등록 | 2011년 2월 22일(제 396-2011-000038호)

마케팅 | 강한덕 전두표
관리 | 정문구 정광석 안현규 강지선 이나리
주소 | 경기도 고양시 일산서구 송산로 499-10(덕이동)
전화 | (031) 907- 3927
팩스 | (031) 905-3927

책임편집 | 기록문화
표지디자인 | 김은경
본문디자인 | 양선애
인쇄 및 제본 | 예림인쇄

공급처 | (주) 비전북
전화 | (031) 907-3927
팩스 | (031) 905-3927

ISBN 979-11-86387-24-5 03230

행복한 자녀로 키우는 인성교육

인성수업이 답이다

정동섭 지음

비전북

행복한 성공을 하려면

현재 우리나라는 경제 성장과 놀라운 교육 열정에도 불구하고 많은 사회적 문제를 드러내고 있다. 자살, 이혼, 가출, 흡연, 음주, 성폭력, 저출산 등의 비율이 세계 최고를 유지하면서 행복지수는 하위권을 맴돌고 있다. 교육의 열정에 비례하여 사회적 문제가 계속되고 있고, 정치적 혼란까지 이어지고 있다. 행복한 교육이 되어야 함에도 불구하고 서로를 피곤하게 하는 경쟁과 입시 중심의 잘못된 교육이 현재 한국교육의 현실이다. IQ중심교육, 지식교육에 치우친 가운데 EQ교육, 인성교육을 소홀히 한 결과라고 본다.

우리는 지난 50년 동안 물질적으로는 약 300배 더 잘 살게 되었으나 마음의 행복은 30배 증가했다고 보기 어렵다. 오히려 스트레스 레벨이 엄청나게 올라가 우울증, 자살률, 암 발생률이 급증하고 있다. 소득, 지위, 명예, 인기 등 '삶의 양'은 증가했는데, '삶의 질'(건강과 여유, 존중과 평등, 친밀한 관계)은 상대적으로 떨어지고 있다. 삶이 목적이고 돈은 수

단인데, 우리는 돈벌이를 위해 삶을 희생시키고 있는 셈이다.

선진국의 학생들이 배우는 즐거움으로 행복한 학교생활을 하고 있을 때, 우리나라 초·중·고 학생들은 공부 스트레스로 불행한 학창시절을 보내고 있다. 이론 중심의 학습, 암기 위주의 학습, 교사주도형 학습, 주입식 학습으로 우등생도 열등생도 학업 스트레스에 시달리고 있다.

사람들은 좋은 대학 나오는 것, 좋은 직업으로 좋은 직장 다니는 것, 좋은 집안 출신과 혼인하는 것을 성공이라고 한다. 그러나 외형적인 성과만으로 '진정한 성공'을 이루었다고 할 수는 없다. 성공이라는 찐빵에 '행복'이라는 '앙꼬'(내용물)가 들어 있어야 진정한 성공이라 할 수 있다. 박세리 선수가 얼마 전 은퇴하면서 고백했다. "나는 골프 선수로서는 성공했을지 몰라도, 개인적으로는 불행한 삶을 살았다." 연애하거나 사람들과 관계 맺을 시간을 갖지 못했기 때문이다.

'죽을 지경이었다'는 시를 읽은 적이 있다. 우리 모두가 공감할 수 있는 시가 아닌가 싶다.

처음에 나는 대학에 들어가기 위해 고등학교를 마치느라 죽을 지경이었다.

그 후 나는 취직을 하기 위해 대학을 마치느라 죽을 지경이었다.

그 후 나는 결혼을 하고 아이들을 낳아 키우느라 죽을 지경이었다.

그 후 나는 아이들을 학교에 입학시키고 공부를 시키느라 죽을 지경이었다.

그 후 직장에서 퇴직할 때까지 일하느라 죽을 지경이었다.

우리나라는 장래의 행복을 위해 현재의 즐거움을 희생하도록 재촉하는 성취 지향적인 문화다. 권력과 돈을 쟁취한 최순실과 김기춘, 조윤선, 우병우는 행복할까? 현재도 행복하고 장래도 행복한 교육을 시행할 수는 없을까? 최순실 사태는 전 국민에게 도덕·인성교육이 중요함을 일깨우는 계기가 되고 있다.

행복한 성공을 경험하게 하기 위해 교육전문가들과 국정책임자들이 여러 가지 방안을 내놓고 있지만, 해결책이 만만치 않다. 지금 한국사회는 1인 가족이 늘어나고 있으며, 노령화가 가속화되면서 가정의 위기가 밀려오고 있다. 우리는 '인식의 전환'(paradigm shift)이 요구되는 시점을 맞고 있다.

나는 교육학자이면서 상담심리학자로, 가정사역자로 훈련을 받았다. 불행한 역기능 가정에서 자라나 행복을 찾아 방황하다가 '구원파'라는 사이비기독교에 빠져 젊은 시절을 보냈다. 그 뒤 34세에 회심하여 정통 교회로 돌아와 정상적인 신앙생활을 하면서 삶의 방향과 의미를 찾게 되었고, 지금은 더 없이 감사하며 자족하는 삶을 살고 있다. 지금 다른 사람을 섬기고 도와주는 삶을 살면서 나는 행복한 삶을 누리고 있다. 매일 나와 함께 생활하는 아내 이영애는 툭하면 "나는 이제 죽어도 여한이 없다"고 말하고 있다. 드디어 나는 행복한 성공을 이루었다!

최순실 사태를 보면서 대통령뿐 아니라 한 사람 한 사람이 건전한 종교를 선택하는 것이 얼마나 중요한가를 실감하고 있다. 종교는 '궁극적 관심사'로서 우리에게 왜 사는지, 삶의 목적과 의미를 제공한다. 세상에는 고등종교와 하등종교가 있다. 무속신앙을 비롯해 우리나라에 번성하고 있는 각종 사이비 종교들은 거짓된 확신을 심어 주고 마땅치 않은 가르침으로 가정을 무너뜨리고 있다(딛 1:11). 그러나 기독교를 비롯한 건전한 종교는 '바른 교훈'(sound doctrine)으로 가정을 세워 주고 가족관계를 강화시켜 모두가 행복한 삶으로 유도한다.

한 사람의 일생에서 건전한 신앙을 갖는 것은 아주 중요하다. 다음으로 중요한 것은 가정과 학교에서 어떤 교육을 받느냐 하는 것이다. 행복의 가장 중요한 요소는 '사람과 밥과 대화'라고 한다. 이것은 가족관계와 친구관계, 또는 직장동료를 두고 하는 말이다. 행복의 가장 중요한 조건은 인간관계다. 행복은 가까운 사람과 사이좋게 지내는 데서 온다. 가정이 행복할 때, 즉 부부관계와 부모자녀관계가 행복할 때, 가정이 화목할 때 개인과 나라의 행복도가 올라갈 수 있는 것이다.

우리나라의 문제를 해결할 수 있는 방안은 가정을 바로 세우는 데 있다. 가정에서 출발하지 않으면 교육 문제를 풀기 어렵다. 가정이 되어가는 대로 모든 것이 되어간다. 1960~1970년대를 물질 빈곤시대라고 한다면, 지금은 정신 빈곤시대라 한다. 사랑하는 일에 실패하고, 하고 싶은 일을 하지 못하면 우울증에 걸리기 쉽다. 유대인은 오래 전부터 학교보다 가정교육에 초점을 두고 후세를 교육해 왔다. 지식교육을 도덕교육, 인성교육으로 보완하지 않으면 안 된다. 유대인의 하브루타 교육은 우리가 주목하고 본받아야 할 좋은 모델이다. 유대인보다 가정과 자녀교육에 오랜 역사와 경험과 실천적 노하우를 가지고 있는 나라는 없다.

우리 사회에서 일어나는 심각한 문제들을 보면 성적이 부족해서 생기는 것이 아니라 인성이 부족해서 나타나는 문제들이다. 바른 신앙과 좋은 생활습관과 인성에 대한 교육은 가능한 한 어릴 때 해야 한다. 조기교육 열풍이 대단하다. 바른 인성을 기르는 조기열풍이 일어났으면 좋겠다. 어린 시절이 행복해야 어른이 되어서도 행복할 수 있기 때문이다.

요즈음 한국사회는 창조경제와 창의적인 나라 건설이라는 국가적 비전을 설정하고 창의교육을 추구하고 있다. 창의적 발명으로 유명한 유대인 교육은 알고 보면 가정에서부터 시작된 교육이다. 단순히 지식교육, 기술교육이 아니라 어릴 때부터 기초를 다져온 영성교육, 인성교육이 그 핵심이다.

현재 한국교육이 당면한 가장 심각한 문제는 인성교육이다. 인성교육은 학교와 교회에서도 실시해야 하지만, 학교에서의 인성교육에는 태생적 한계가 있다. 가정에서 부모와 자녀가 밥상머리에서 함께 배우고 실천하는 시간을 갖는 것이 더 중요하다. 나는 이 책에서 '인성교육이 무엇인가? 왜 인성교육이 필요한가? 왜 인성교육이 개인적 문제,

사회적 문제, 국가적 문제에 대한 해답인가?'를 설명하고 구체적으로 어떻게 우리 자녀들에게 인성교육을 시행할 수 있는가를 제시한다. 제대로 된 인성교육으로 인해 우리나라가 더 행복하고 희망적인 나라로 발전할 수 있게 되기를 소망한다.

저의 인성교육 메시지를 대한민국의 모든 부모와 교사들이 공유할 가치가 있다고 판단해 출판을 결정해 주신 박종태 사장님과 이 책을 읽을 수 있는 책으로 다듬고 편집해 주신 윤필교 선생님, 그리고 본인의 작품 사진들을 기꺼이 나눠 준 친구 신재인에게 감사드린다.

정동섭 교수
가족관계연구소장, Ph. D.

목차

우리 시대의 자화상

개인이나 국가의 삶에서 중요한 것은 속도보다 방향이다. 우리는 빠른 속도로 성취를 이루었지만, 국민들의 생활만족도는 대체적으로 낮은 편이다. 우리는 6.25의 폐해를 새마을운동을 구심점으로 국민이 똘똘 뭉쳐 슬기롭게 극복했다. 한강의 기적을 만들면서 우리는 오늘날 물질적으로 세계 강국의 반열에 올랐다. 문화, 스포츠, 경제, 외교 등 각 부분에서도 세계적인 수준에 올라 다른 나라에서 우리의 모델을 배워 가기에 이르렀다. 대한민국은 지난 50년간 세계 10위권의 경제대국을 이루었다. 지난 30년간 민주화로 선거에 의한 정권 교체를 이루었다. 하지만 우리의 감성지수, 행복지수는 매우 열악한 수준에 머물러 있다.

우리나라는 1945년 해방 이후 농경사회에서 산업사회, 지식정보화사회로 급속히 변화되고 발전하였다. 이런 사회적 변화 속에서 목표

지향적이고 소유 중심적 가치관이 높아지면서 성취와 성공을 지향하다 보니 관계와 인성은 소홀히 될 수밖에 없었다.

우리 사회는 현재 '개인적 인성'과 '사회구조 및 제도의 도덕성'에서 총제적인 위기 국면에 처해 있고, 도덕적 실패가 근본 원인이 되어 하루가 멀다 하고 크고 작은 사건들이 쉴 새 없이 터지고 있는 실정이다.

오늘날 우리 대한민국은 안팎으로 밀려오는 수많은 역경과 도전을 불굴의 의지와 단합된 정신으로 헤쳐 오면서 불과 반세기 만에 세계 무역규모 8위, 경제규모 15위라는 눈부신 성과를 거두었다. 하지만 초고속 압축 성장의 이면에는 물질만능주의, 생명경시 풍토, 무한경쟁 체제, 성적중심 교육 등 사회의 부작용들이 만연하게 되었다.

대한민국은 세계 대통령이라 할 수 있는 UN 사무총장을 배출한 나라다. 그런데 부패인식 지수는 OECD 34개 국가 중 27위로 최하위권이고 사회 양극화도 점차 심화되고 있다. 2017년 현재 우리나라의 국가 청렴도는 세계 52위로 뇌물이 판치는 나라로 평가되고 있다.

가정에서 인성교육이 부족하고 학교에서는 입시중심 교육에만 치중하다 보니 그 열매가 반인륜적인 패륜 범죄, 학교폭력, 청소년 음주·흡연, 스마트 폰 및 게임중독, 노인 비하 등 사회문제로 표출되고 있다. '배려와 나눔, 더불어 살아가는 공동체활동 능력'이 부족한 학생들을 사회로 배출하다 보니 나라가 불행해지고 있다.

우리나라의 사회 갈등지수는 OECD 27개 국가 중 네 번째로 높다. 범죄 발생률이 10만 명당 1.7명, 강도 발생률이 97명, 폭력 발생률이

592.6명으로 일본에 비해 각각 2배, 3배, 40배나 높게 나타나고 있다. 교통사고 사망자는 10만 명당 198명으로 세계 평균 93명보다 훨씬 높다. 인근 소란 죄, 오물 투기, 노상 방뇨 등 경범죄는 10만 명당 622건으로 일본의 14배에 이른다. 사기죄, 위증죄, 무고죄는 각각 일본의 17배, 427배, 542배로 빈발하고 있다. 국민 간 소송도 일본의 2배로 나타는데, 연간 635만 건으로 집계되고 있다. 이제 우리는 인성교육, 도덕교육으로 동방예의지국의 국격을 회복해야 할 때다.

2014년 4월 16일 진도 앞바다에서 300명이 넘는 학생들이 수장당하는 세월호 참사가 일어났다. 이 사건에서 가장 많은 비판을 받은 것은 그 선주되는 유병언 회장과 이준석 선장의 행태였다. 물욕과 탐심에 눈이 먼 유병언 회장은 과적으로 배를 침몰하게 하였고, 선장은 승객들에게 퇴선 지시도 하지 않은 채 혼자만 탈출하여 수많은 어린 학생들의 목숨을 잃게 함으로 세인의 질타를 받았다. 선장에게 인명을 중시하는 인격과 선원의 생명을 지키는 데 책무를 다하겠다는 책임감만 있었다면 세월호 참사는 막을 수 있었을 것이다. 배려와 존중, 책임이라는 기본 인성이 얼마나 중요한가를 보여 준 사건이었다.

우리나라는 행복하지 않다

우리는 지난 50년 동안 물질적으로는 약 300배 부자가 되었으나 마음의 행복은 30배 증가했다고 보기도 어렵다. 오히려 스트레스가 그 정도 늘었다고 보는 게 정확할지 모른다. 소득과 지위와 명예와 인기 등을 '삶의 양'이라고 부르는데, 삶의 양이 증가한다고 해서 무조건 삶의 질, 즉 행복도가 증가하는 것은 아니다. 예전에 비해 온갖 물자가 풍부해졌다. 그러나 물질적 부자라고 해서 마음이 부자인 것도 아니고 내면이 행복해지는 것도 아니다.

OECD가 최근(2016. 6.3.) 발표한 더 나은 삶의 지수(Better Life Index)에 따르면, 우리나라는 사회적 연대에서 38개 조사대상국 중 28위를 기록했다. 사회적 연대(social connections)란 어려울 때 의존할 사람이 있는가를 조사하는 항목이다. 이 조사 결과는 우리나라 사람들이 '어려울 때 의존할 사람이 없음' 현상이 심각한 수준임을 보여 준다. 우리나라의 자살률(고의적 자해 사망자)은 10년 연속 OECD 1위를 기록하고 있다. 2015년 현재 자살률은 100만 명 당 29.1명으로 OECD 평균 12.8명의 두 배 이상 높은 수준이다.

2016년 말 최순실의 국정농단 사태로 박근혜 대통령이 탄핵을 당하면서 국민은 십여 차례의 촛불집회로 허탈감과 분노를 표출하였다. 최순실 사태로 국민행복 시대를 열겠다고 공언했던 대통령부터가 행복하지 않은 가운데 대통령직을 수행했음이 드러났다. 사이비종교 주술사 최태민의 영성에 영향을 받은 박근혜 대통령은 친동생 근령, 지만과의 관계를 단절하고 최순실, 최순득과 가족처럼 관계하면서 나라를 통치한 것으로 밝혀졌다. 친구가 한 명도 없는 가운데 매일 혼자서 밥을 먹었으며, 가는 곳마다 변기를 떼어내게 하는 강박성성격장애자라는 것이 뒤늦게 밝혀졌다. 부모를 총탄에 잃어버린 아픔 때문인지 그의 성품과 인성은 바로 형성되지 못하였고, 그는 비참한 권력중독자로, 실패한 대통령으로 역사에 기록되게 되었다.

최순실은 물론 김기춘, 우병우 등 청와대 참모진들도 국회청문회에서 자신의 언행에 책임을 지지 않고 "모른다", "기억이 나지 않는다"고 부인하고 투사하는 답변을 하는 것을 지켜보며 국민들은 좌절하고 분노했다. 최고의 지성을 대표한다고 할 수 있는 이화여대 총장과 학장, 교수들도 국회청문회에서 "모른다", "아니다"로 진실에 대해 정직하지 않고 무책임하며 부정직한 인성을 보여 온 국민의 분노를 자아냈다.

인성(성품)교육, 즉 덕성교육은 미덕을 발견하고, 말하고, 듣고, 실행할 수 있는 네 가지 힘을 향상시킴으로써 바람직한 성품을 기르는 것을 목표로 한다. 무엇보다도 정직하고 남을 배려하고 소통할 줄 아는 인간을 기르자는 것이다. 그런데 이번 국정농단 사태는 우리나라 지도자들부터 정직과 책임감, 배려, 타인존중, 협동심, 소통과 공감, 예절과 같은 기본 덕목을 갖추지 못했다는 것을 보여 주었다. 지능지수(IQ)는 높은 데, 감성지수(EQ)는 형편없이 낮은 사람들, 머리는 좋은데 마음이 따뜻하고 착하지 않은 사람들이 나라를 다스린 것으로 드러난 것이다.

지금 우리나라 사회생태계는 SOS!

우리나라는 도무지 행복하지 않은 나라가 되었다. 자살률이 10만 명당 31.2명으로 OECD 최고다. 한 해 자살로 생애를 마감하는 사람의 수는 1만 5,566명, 하루 목숨을 잃는 사람이 42.6명이다. 시간당 1.8명이 생명을 잃고 있다. 세계의 불명예 1위를 기록하는 내용이 많다. 예를 들면 술 소비량, 음주운전, 흡연, 교통사고, 노인 빈곤, 빈부격차, 자살, 낙태, 해외입양, 이혼, 저출산, 성범죄, 학교폭력, 가출, 인터넷 중독, 사교육비 지출, 입시경쟁 등이다. 행복지수는 OECD 국가의 평균치도 못 미치는 수준에 머물고 있다. 이대로 가면 대한민국은 2300년에 이 지구상에서 사라진다고 세계적인 미래학자 토마스 프레이가 경고한바 있다.

지금 대한민국 사회는 저출산으로 인한 인구 감소와 고령화 문제가 심각한 수준에 이르렀다. 가족의 해체는 곧 고용 불안과 경제적 어려움으로 이어지고, 이것은 우울증과 자살 증가를 낳게 된다. 이런 현상은 가면 갈수록 더 극심해질 것이다.

우리는 철저히 성공 지향적으로 살며 행복은 뒤로 하고 있다. 돈과 명예, 권력에만 혈안이 되어 성공 출세 지향주의에 빠져 있다. 지금까지 우리는 입시 위주의 주입식 교육, 열심히 듣고 암기하고 시험 보고 잊어버리는 교육을 거듭 반복해 왔다.

입시, 성적 위주의 학교 풍토와 급속한 경제 성장과 그로 인한 물질만능주의와 개인주의가 팽배한 사회에서 학교 부적응 청소년들과 대학생들, 우울증, 정서행동장애, 여러 가지 중독, 폭력문제, 인격장애, 대인관계장애 등 인성과 관련해 심화된 문제가 계속 드러나고 있다.

한국 청소년들의 학업성취 수준은 세계 1-2위로 최상위를 유지하고 있다. 그러나 아쉽게도 교과목에 대한 흥미나 정서적인 능력은 최하위에 머물고 있다. 지식교육은 탁월한 편인데, 학생들의 인성 상태는 심각한 상태로 내몰리고 있다. 이는 학교의 붕괴뿐 아니라 가정과 사회에서 인성을 함양할 충분한 기회와 어른들의 롤모델이 실종된 상태가 빚어낸 부끄러운 자화상이다. 학교에서는 '홍익인간, 인간교육, 전인교육, 창의 인성교육'을 표방하고 있으나 현실은 입시 위주의 주입식 교육으로 학생들은 공부 스트레스에서 헤어나지 못하고 있다.

2017년 OECD 48개국 학생들의 '삶의 만족도'를 조사해 발표했다. 예상대로 한국은 꼴찌에서 두 번째였다. 상위권 핀란드, 네델란드, 아이슬란드, 스위스가 자리잡았다. 한국학생 75%가 성적 스트레스를 호소했다. 반면 부모-자식 간 대화는 부족해 '아이와 매일 대화한다'고 대답한 부모는 53.7%에 그쳤다. '공부는 잘 하는 데 행복하지 않은 나라다.' OECD가 정의하는 한국사회다(조선일보, 2017. 4. 22). 우리나라 아이들은 '세상에서 가장 똑똑한 아이들'(The smartest kids in the world)로 통한다. "학생들은 하루 12시간을 학교에서 지내며 한 편의 서사시 같은 일과를 보낸다. 한국교육은 압력밥솥, 한국학생들은 아동철인 경기 출전자다." 아이들이 행복하지 않은 나라의 미래가 밝을 리가 없다.

4년 전 유니세프가 어린이가 가장 행복한 나라로 네델란드를 꼽았다. 한 네델란드 작가가 그 비밀을 여덟 가지로 풀었다. 요약하면, 부모가 스트레스가 없고 학업부담이 적으며 아이의 의사를 존중한다는 것이다. 네델란드 학교에서는 숙제가 거의 없고 시험으로 아이를 몰아세우지 않는다. 관심 있는 분야가 있으면 학생이 스스로 탐구하도록 도와준다. 아침식사는 늘 함께한다. 만 2세부터 사교육을 받아야 하는 한국에서는 어려운 일이다. 하루에 학원 몇 개를 뺑뺑이 도는 아이들은 편의점과 패스트푸드 점에서 끼니를 때우고 초등학교 입학 전부터 학업 스트레스를 호소한다. 그런 아이들에게 "행복하냐?"고 묻는 것은 사치다.

지금 우리 사회는 더 이상 '살기 좋은 세상'이 아닌 것이 확실하다. 오늘날처럼 한국사회의 인성, 즉 사람 됨됨이나 가치가 땅에 떨어진 적은 없었다. 최근에는 분노조절장애로 분노를 조절하지 못해 불특정 다수에게 흉기를 휘두르는 범죄가 기승을 부리고 있으며, 기내 난동 같은 사건이 빈발하다. 통계청의 조사에 의하면 국민 10명 중 한 명 (9.1%)이 자살충동을 느끼는 것으로 나타났으며, "입시, 취업, 퇴직 등 스트레스가 자살 충동으로 이어지는 것 같다"고 진단했다. 최근 우리 사회에는 살인, 자살, 성폭행, 강도, 강간, 사기, 약자 따돌림, 방화, 절도와 같은 사고가 빈번히 일어나고 있다.

작은 갈등에도 분노가 폭발하여 병적 방화, 도박, 홧김 살인, 비행기 난동, 묻지 마 범죄 등 한국형 분노폭발 범죄가 자주 일어나고 있다. 전문가들은 '평소 불만, 음주 상태, 모멸감' 등 삼박자가 겹치면서 분노 폭발이 일어난다고 본다. 정신의학 전문가들은 경제 양극화와 경쟁 과열 사회 분위기에서 '배고픈 것은 참아도 배 아픈 것은 못 참는'

상대적 박탈감, 화가 나면 술부터 찾는 음주에 관대한 한국문화, 자기가 무시당했다고 느끼는 멸시감과 열등감을 유난히 못 참는 국민 성향 등을 꼽는다(조선일보. 2015. 10.2). 정부는 가정폭력, 성폭력, 학교폭력, 불량식품을 4대 악으로 규정하고 범정부 차원에서 다각적인 노력을 기울이고 있다.

TIP 청소년들의 행복지수와 생활만족도

청소년의 행복지수는 OECD 국가 중 65.98점으로 낮은 수치를 보이고 있다. 생활만족도는 학년이 높아질수록 떨어진다. 한국학생들의 삶의 주관적 만족도는 5점 만점에 초등학생은 4.0, 중학생은 3.4, 고등학생은 3.1로 나타났다. 주관적 행복감은 100점 만점에 71.6으로 OECD 22개 국가 중 최하위다. 더욱 충격적인 것은 우리나라 어린이, 청소년 중 20%가 자살충동을 경험했다는 조사내용이다(2016. 05.03, 뉴스천지).

어린이들은 무엇보다 학업에 대한 스트레스에 시달리고 있으며, 자신의 존재에 대한 존귀함을 인식하지 못하고 있다. 2014년 전국교직원노동조합에서 펴낸 '어린이 생활 실태 보고서'를 보면, 초등학교 5-6학년 학생 10명 중 5명이 가족과 하루에 30분도 대화하지 않는 것으로 나타났다. 공부 때문이다. 아니나 다를까. 학생들의 스트레스 원인 1위는 학교와 학원이었다.

초등학교 5학년 학생이 인터넷에 올린 글이다. "학교라는 교도소에서 교실이란 감옥에 갇혀 교복이란 죄수복을 입고 실내화란 죄수 신발을 신고 공부란 벌을 받고 졸업이란 석방을 기다린다." 현재 우리나라 학생들의 처한 현실을 웅변적으로 표현하고 있다.

우리나라의 사회생태계는 지금 심각한 위기를 맞고 있다. 가출아동(탈가정 난민) 10만 명, 학업중단 청소년(탈학교 난민) 20만 명, 학교 부적응 문제아(사회부적응 예비사회인) 178만 명이라는 사회지표가 이를 말해 주고 있다. 사람들이 좋은 성품, 즉 인성을 제대로 갖추고 있다면 이와 같은 폭력과 각종 문제행동을 저지르지 않았을 것이다. 지식교육 일변도의 교육이 우리 가정, 학교, 사회 전체에 얼마나 심각한 후유증을 초래하고 있는지를 그대로 보여 주고 있다. '인성교육 진흥법'의 배경에는 '통제하고 규제하지 않으면 그 무엇으로도 인성을 바로잡지 못한다'는 절박함이 있다. 이것이 2015년 7월에 우리가 세계 최초로 인성교육 진흥법을 시행하게 된 배경으로 보인다.

한국교육개발원(2013)의 연구 조사에 따르면 초·중·고 학생의 인성과 도덕성 수준이 낮다고 평가(72.4%)하면서 학교에서 더 관심을 가지고 중시해야 할 교육내용은 인성교육(42%)이라고 응답했다. 우리는 선과 악을 구분할 수 있는 '도덕적 감수성'(moral sensitivity)을 지닌 인간을 만들어내야 한다.

전 교육부 장관 문용린 교수(2015)는 도덕적 행동을 구체적인 훈련을 통해서 연습하게 하여 국민 행복도를 높여야 한다면서 '정약용 책배소', 즉 정직, 약속, 용서, 책임, 배려, 소유와 같은 덕목을 연습하고 훈련하는 인성교육이 필요하다고 제안하고 있다.

한국인으로 세계은행 총재의 지위에 오른 김용 총재는 한국의 교육제도가 학생들의 공감 능력과 자신감 같은 역량 개발에 적합하지 않으며, 소득에 따른 교육기회 불평등을 초래하고 있다고 지적했다. "한국식 교육이 오늘의 한국을 만든, 세계에서 가장 뛰어난 교육 시스템 중 하나로, 학생의 의지력과 근성을 길러내는 데 뛰어나지만, 비인지 능력과 혁신적 역량을 끌어내는 데는 한계가 있다"고 지적했다. 그는 비인지 능력의 예로 '공감 능력, 자신감, 의사소통, 인내심, 위기 극복 능력'을 들었다(조선일보. 2014. 11.5). 바로 긍정심리학에서 강조하고 있는 성격적 강점과 덕성들이다.

우리나라는 그동안 지식 위주의 경쟁으로 세계적인 교육 성과를 이뤘지만, 학생들의 인성과 도덕성, 행복은 상대적으로 등한시하였다. 따라서 효, 의리, 배려, 상생과 같은 인성적 가치들은 돈과 권력과 같은 물질적 가치 앞에서 힘을 잃고 무너져 내렸다.

인생에서 가장 중요한 것은

"내 인생에서 가장 중요한 목표는 물질적 풍요다." 2010년 실시한 연구에서 이 질문에 '예'라고 응답한 비율이 가장 높은 나라는 한국이었다. 대학생들은 '복권에 당첨되었을 때'가 가장 행복할 것이라고 응답하고 있고, 성인 대부분은 '행복은 물질적 풍요에서 온다'고 생각하고 있는 것으로 조사되고 있다.

우리가 행복에 대해 가장 많이 착각하는 것이 돈과 권력 같은 외적 요건이 충족되면 행복할 것이라고 생각한다는 것이다. 긍정심리학자들은 한결같이, 인생의 여러 조건들, 즉 돈, 학력, 지능, 성별, 나이 등은 행복의 개인차를 10-15% 정도밖에 예측하지 못한다고 한다. 소득 2-3만 달러가 될 때까지는 돈이 행복에 적잖은 영향을 미치는 게 사실이다. 그러나 소득이 6만 달러가 넘으면 돈과 행복의 상관관계는 거의 없는 것으로 밝혀졌다(『지혜의 심리학』, 김경일, 2017). 먹고 살 만한 상태가 되면 돈은 행복에 큰 힘을 발휘하지 못한다.

우리나라의 경우 연간 소득 약 8,800만원까지는 삶의 만족도가 증가했지만, 그 이상 넘어가면 만족감이 더 이상 증가하지 않는 것으로 나타났다. 배고플 때 밥숟가락을 처음 입에 넣으면 만족감이 높지만, 점점 밥을 먹을수록 만족감이 줄어드는 것과 같은 이치다. 소득 8,800만원이 행복감의 '포화점'인 것이다. 소득은 근로소득, 이자소득, 기타소득 등을 모두 포함한 액수다.

"10억 원이 생긴다면 죄를 짓고 1년 정도 감옥에 가도 괜찮은가?"라는 물음에 대한 조사 결과는 충격적이다. 고등학생 중 무려 56%가 감옥에 가겠다고 답했다. 부모가 만든 물질만능주의가 아이들에게 전해진 것이다(고영성, 2016).

사람에게 가장 큰 행복을 주는 조건 중에 하나는 '사람'이다. 우리나라 사람들은 정도 이상으로 '돈'을 밝힌다. 그 결과 우리는 타인에 대한 신뢰도가 낮다. "남들로부터 신뢰와 존중을 받는다고 생각하냐"는 질문에 미국인이나 덴마크인은 90%, 우리는 56%에 그쳤다. 우리는 정신적인 부(친밀한 인간관계, 자원봉사, 배우는 즐거움, 낙관적 태도)보다 물질적 부(소유, 명성, 성공, 외모)에서 행복을 찾는 나라다. 성공은 물질적 풍요와 동일시된다. 온 국민이 성공하는 자녀를 키워야 한다는 강박관념에 빠져 있다. 우리는 자녀에게 성공이라는 선물을 주려고 노력한다지만, 알고 보면 자신의 '행복하지 못함'을 대물림하고 있는지도 모른다. 어떻게 하면 이 편향된 가치관을 바로 잡을 수 있을까? 나는 인성교육에 그 해답이 있다고 믿는다.

자녀교육의 가장 큰 목표, 성공

한국교육개발원의 '2010년 교육여론 조사'에 따르면, 자녀교육의 목적을 복수로 응답하는 질문에 '좋은 직업을 얻을 수 있는 조건을 갖춘다'라고 응답한 비율이 40.8%였고, '성공, 출세할 수 있는 기초를 닦는다'가 34.7%로 뒤를 이었다. 성공하는 자녀로 키운다가 75%이고, 교육의 목적이 '행복한 아이로 키운다'라고 응답한 사람은 33.9%에 불과했다.
자녀교육에서 성공의 의미에 대해서도 47.3%가 '좋은 직장에 취직하는 것'을 선택했고, '인격을 갖춘 사람으로 성장하는 것'(39.1%)이나 '하고 싶고 좋아하는 일을 하는 것'(36.2%) 등의 응답은 그보다 낮았다(문화일보. 2010. 11. 16).

우리나라 학교들에서 왜 인성교육이 무너졌는가? 이는 교육 문화가 자유로워지면서 '인성교육'이 무너졌다는 말이 설득력이 있다는 것을 부인하기 어렵다.

지난 2011년부터 각 학교에서 학생인권조례 제정이 유행처럼 번지면서, 학교 교실은 점점 막장으로 치달았다. 학생들에게 과도한 인권 의식이 심어지면서 오히려 선생님에 대한 존경심과 사랑이 사라지고, 선생님에 대한 피해의식과 저항만 키움으로 인성이 황폐해져 간 것이다.

교권 침해, 해마다 증가 추세

2014년 3월 12일 한국교원단체총연합회가 발표한 '2013년 교권 회복 및 교직상담 활동실적 보고서'에서 인용한, 교육부 국정감사 자료에 따르면, 최근 5년간 학교 현장에서 발생한 교권 침해 건수는 무려 1만 9,844건에 이른다. 교총이 2013년 한 해에 접수한 교권 침해 사례만 해도 394건인데, 2009년의 237건에 비해서는 60%, 2012년의 335건에 비해서는 17.6% 증가한 추세다. 게다가 재미없는 지식교육, 주입식교육에 염증을 느낀 학생들이 학교교육을 포기하고 가출하는 학생 수가 1년간 10,000명에 이른다고 한다.

이는 교권 실추와 학생들의 인성 파괴가 날이 갈수록 심각하다는 반증이다. 현재의 학생인권조례를 그대로 방치한 채, 교권과 학부모 교육권 회복 없이 인성교육법을 만들었다고 해서 인성교육, 혹은 올바른 인성이 회복될 수 있을지는 미지수다.

한국교육개발원의 교육여론 조사(2014)에 의하면, 국민들의 72.4%가 초·중·고 학생들의 인성, 도덕성 수준이 낮다(낮다 47.6%, 매우 낮다 24.8%)고 밝히고, 동시에 48%가 가장 시급히 해결해야 할 교육문제로서 '학생의 인성과 도덕성 약화'라고 분석했다.

선생님의 정당한 학교생활 지도나 교육을 간섭이나 인권 침해로 보고 대항하려 들며, 잘못된 자유의식이 팽배해지면서 타인에 대한 배려나 존중보다는 이기주의에 빠지도록 만든 것을 부인하기 어려울 것이다.

학교를 갈등과 투쟁 장소로 만든 것이다. 사생활 침해를 이유로 학부모의 가정교육을 거부하게 하는 잘못된 인권의식이 가정의 인성교육마저도 무너뜨리고 있다. 인성교육의 핵심인 학교와 가정의 교육이 황폐화되니, 인성교육이 무너지는 것은 당연하지 않은가?

우리 교육은 과정이나 절차보다는 결과만을 중시하는 결과 지상주의로 치우쳤으며, 교육을 통해 갖추어야 할 인성 등 기본적 소양을 간과했다. 핵가족화, 저출산, 맞벌이 가정, 한 부모 가정, 조부모와의 분리 등 경제, 사회, 문화적 변화에 따라 전통적으로 가정과 종교 기관에서 담당하던 인성교육 기능은 점진적으로 약화되었다.

실제 교육현장에서는 입시 위주 교육풍토로 윤리도덕 교육이나 인성교육이 홀대받고 있다. 우리 사회 전반에 걸쳐 자살과 우울증은 놀라울 정도로 급격히 증가하고 있다. 특히 2000년대 들어선 이후 우리나라 우울증 환자 수와 자살률의 증가 추세는 더 가파르게 올랐다. 우리나라는 치매와 불안장애 역시 세계에서 가장 빠른 속도로 증가하고 있다. 자살, 우울증, 치매, 불안장애 등의 급속한 증가는 우리 사회 전체가 엄청난 불행감에 시달리고 있음을 단적으로 보여 준다.

수백만 명의 성인이 마약과 알코올, 도박, 그리고 쾌락(pleasure)을 발견하는 다른 위험한 방법을 택하는 이유는 그들이 일상생활에서 기쁨과 희락(joy)을 발견하는 더 좋은 방법을 배우지 못했기 때문이다 (Edward Hallowell). 음악과 미술과 체육을 경시하는 인성교육의 부재가 각종 사회문제를 야기하고 있다.

이러한 초·중·고·대학교에서의 인성교육의 부재는 학교 내에서는 학생 간 폭력, 집단 따돌림 등의 양태로, 사회적으로는 땅콩 회항, 갑질 논란, 군대 내의 비인간적 사건 등 사회적 병리가 만연하는 단초가 되고 있다. 2015년 9월 납치한 여성을 살해해 시신을 차량 트렁크에 넣은 뒤 불을 붙이고 달아난 김일곤이 사건 일주일 만에 흉기로 시민을 위협하다가 출동한 경찰에 붙잡혔다. 그는 경찰에서 "나는 잘못한 게 없어요. 나는 계속 살아야 해! 나는 가해자가 아니라 피해자"라고 외쳤다고 한다. 인성의 부재가 소시오패스(sociopath: 반사회성성격자애자)의 모습으로 드러난 것이다.

청소년문제, 스트레스로 인한 분노 유발

우리나라 청소년문제는 너무나 심각하다. 학교폭력, 자살, 왕따, 게임중독, 인터넷중독, 가출, ADHD 등 이루 헤아릴 수가 없다. 청소년들의 문제행동은 스트레스로 인한 분노에 있다.

스트레스란 무엇인가? 무언가 강한 요구를 당할 때의 심신 상태로서 몸과 마음의 평형 상태가 깨어진 상태를 가리킨다. 즉, 너무 많은 일을 짧은 시간 안에 해야 할 때 쫓기는 기분, 극심한 압박감, 감정적으로 불편하고 심신의 조율이 헝클어져서 분노, 짜증, 좌절, 불안, 무기력, 절망 등을 느끼는 상태를 가리킨다.

우리나라 청소년들이 겪고 있는 문제들

(1) 학업 스트레스와 자살: 진로문제, 학업문제, 용모와 이성문제, 성격문제, 부모와의 갈등, 친구와의 갈등, 공부와 진학문제가 가장 큰 스트레스를 불러일으키는 요인이다.

(2) 인터넷 중독: 약물중독과 같이 내성과 금단증상을 유발한다.

(3) 사이코패스(psychopath)와 전두엽 장애: 전두엽은 감정을 느끼는 곳으로, 반사회성 성격장애자에게는 세로토닌이 분비되지 않는다. 어린 시절 학대받은 경험이 있기 때문이다.

(4) 음주, 흡연: 괴로움을 잊기 위해서, 자존감이 낮아 또래 집단의 압력에 약하다.

한국이 OECD 국가 중 자살률이 가장 높고, 특히 청소년의 자살률은 대단히 높다. 이를 회복탄력성의 관점에서 보면, 스트레스에 대한 인식과 관리 부족으로 인한 신체적·정신적·감정적·영적 회복탄력성의 고갈(파탄)로 설명할 수 있을 것이다.

오늘날 한국사회에서 끊임없이 일어나고 있는 폭력, 사기, 따돌림, 약자 괴롭힘 등 보편화된 사회적 병폐의 원인은 선과 악에 대한 감수성이 쇠퇴하고 있다는 데서 출발한다. 자기 자신이 고통을 받고 있는 문제에 대해서는 민감한 데 비해, 다른 사람에게 고통을 주고 피해를 주는 문제에 있어서는 비교적 둔감하다.

우리나라는 일정 수준의 물질적 풍요를 이뤄내는 데는 성공했지만, 전체적으로 행복하지 않다. 2013년 세계 웰빙(삶의 질)지수 순위를 보면, 우리나라는 75위로 대만(55위), 일본(64위), 말레이시아(36위), 필리핀,

태국, 인도, 이라크보다 낮다. 한편 2014년 한국 어린이 청소년 행복지수 국제비교 연구 결과에 의하면, 한국 어린이 청소년의 행복지수는 100점 만점에 74점으로 OECD 23개국 중 가장 낮은 것으로 드러났다.

우리나라는 이혼공화국이라는 말을 들을 정도로 이혼율이 높다. 결혼에서 중요한 것은 재산이나 지위나 배경, 외모가 아니라 좋은 성격, 즉 좋은 성품이다. 인성이 좋은 부부는 서로를 존중하고 배려하며 공감적 소통을 하기 때문에 갈등을 해소할 수 있다.

우리라는 공동체의식보다는 나 중심적인 개인주의적 사고만이 팽배하여 이기적 물질 추구에만 집착하는 사회가 되고 있다. 한국 사회는 유감스럽게도 지나치게 물질적 풍요만을 목표로 한 과학, 경제교육에 치중한 나머지, 정신적 건강을 위한 도덕교육, 인성교육을 소홀히 하였다. 사회적 문제의 근본 원인은 인성교육의 부재에 기인한다고 볼 수 있다. 우리에게 필요한 것은 부모와 이웃에 대한 사랑과 배려, 존경심과 예의, 정의, 책임감을 가르치는 도덕교육, 인성교육이다.

지식교육과 함께 인성교육의 중요성이 크게 대두되면서 2015년 국회는 인성교육 진흥법을 제정하기에 이르렀다. 인성교육은 이제 우리 시대의 교육 화두가 되었다. 인성교육을 법적으로 의무화해야 할 만큼 우리 사회가 피폐해졌다는 사실의 반증이기도 하다. 지식 중심의 경쟁교육에서 벗어나 동료와 함께 문제를 해결해 나가는 과정 속에서 배우는 협력과 배려의 경험은 우리 아이들이 평생을 행복하게 살아가는 데 소중한 자양분이 될 것이다.

한국교육의 패러다임의 방향을 재설정할 수 있는 교육사적 전환점이 마련된 셈이다. 하지만 인성교육의 내실화는 법적·정책적 수단만으로는 한계가 있다. 인성교육에서 교사와 부모의 역할과 일치된 교육관이 무엇보다 중요하다. 학생을 사이에 두고 부모와 교사가 하나가 되어 노력해야 '인성 대한민국'을 만들어낼 수 있다.

현대의 한국사회는 추격형의 산업화사회(catch-up industrialization society)에서 선진형의 탈산업화사회(leading post-industrialization society)로 접어드는 전환기에 서 있다. 우리는 캔 두 스피릿(can-do-spirit)과 '빨리빨리' 정신으로 세계 6위의 수출 강국을 이루었다. 성적 위주의 지식교육, 금욕주의 입시교육으로 추격형의 인재들이 산업화의 시대를 성공적으로 이끌었다. 하지만 이러한 교육의 결과는 학교폭력, 학원폭력, 교실붕괴, 학교붕괴, 높은 청소년 자살률, 높은 실업률로 나타나고 있다. 인성교육에서 무엇보다 중요한 것은 '속도'가 아닌 '방향'이다.

"새로운 시대는 풍요로운 생활을 하면서도 행복을 누리지 못하는 시대다. 새로운 시대는 성찰의 시대가 될 것이다. 미투 스피릿(me-too spirit: 나도 할 수 있다)이 필요한 시대다. 우리는 그동안 성적 위주의 추격 교육에 목숨을 걸어왔다. 우리는 추격 시대의 멘탈리티를 벗어나야 한다. 삶이란 다양한 기회가 주어지는 장거리 여정이라는 것을 깨달아야 한다. 성찰의 시대에 필요한 두 가지 덕목은 자기성찰과 타인에 대한 배려다. 자기성찰이란 자신의 내면을 살펴서 성숙한 삶의 기준을 찾아 정신적인 안정과 행복을 누리는 행위다. 배려정신은 남을 경쟁 상대로 보지 않고 협력 파트너로 보는 태도다"(김주성, 2016).

우리는 성찰형의 인간을 육성하여 미래사회를 준비해야 한다. 다음 세대만이라도 전인교육, 지덕체교육, 민주시민교육을 실천하여 우리 국민의 행복지수를 높여야 할 것이다.

"앞으로의 인성교육은 개인의 행복과 그가 속한 공동체 전체의 행복을 함께 추구하기 위한 것이어야 한다. 공동체 전체의 안전과 행복을 추구하는 것도 중요하지만, 그에 앞서 건강한 자아감 형성이 우선되어야 할 것이다. 공동체 구성원 한 사람 한 사람이 발달 과정에서 건강한 자아를 형성해야 공동체 전체의 행복도 이룰 수가 있다. 따라서 인성교육은 당연히 "I am OK"에서 출발해야 한다. 우리 자녀들, 그리고 학생들의 건강한 자아를 형성하는 것은 무엇인가? 그것은 바로 정체감, 자존감, 자신감(자기효능감), 자기조절 능력(자기절제 능력), 그리고 긍정적 태도 같은 것이다"(이의용, 2013).

현재 우리 교육의 두 가지 화두는 '진로교육'(창조교육)과 '인성교육'이다. 그런데 '진로교육'은 사람이라면 누구나 고민하는 문제 즉, "어떻게 내 꿈을 키우고 끼를 살려 행복하게 살아갈 것인가?"에 대한 것이고, '인성교육'은 "어떤 마음과 자세로 사는 것이 인생을 가치 있게 제대로 사는 것인가?"에 대한 것이라 할 수 있다. 우리 교육의 중점 목표를 진로교육과 인성교육으로 선택한 것은 참 잘한 일이라 생각한다.

아이를 키울 때는 "이러한 사람으로 자랐으면 좋겠다"는 목표 인간상이 있는데, 그 목표를 이루기 위해서는 '바람직한 태도와 습관'을 길러야 한다는 방향이 필요하다. 대부분의 부모가 지향하는 목표 인간상은 '성공하는 사람, 행복한 사람, 사회에 도움을 줄 수 있는 사람'으로 요약할 수 있을 것이다. 이를 위해 우리는 지금까지 지식교육에 치중하였으나 위 목표를 이루는 데 실패한 것이 여러 지표로 드러나고 있다. 교육부에서는 2015년 '인성교육 진흥법'을 제정하여 국가적인 차원에서 추진하기에 이르렀다. 이제부터는 '바람직한 태도와 습관'을 길러주는 인성교육이 병행되지 않으면 나라의 미래가 없다는 것을 온 국민이 절감하고 있다.

인성교육과 진로교육은 함께 고려되어야 한다. 우리가 좋은 삶, 행복한 삶, 의미 있는 삶을 살아가려고 한다면, 자신이 가진 잠재성을 발현하고 구현하는 직업 영역에서 성공적인 삶을 살기 위해서는 인성이 뒷받침되어야 한다. 이 두 가지는 따로 떨어진 별개로 고려되어야 할 대상이 아니다. 행복한 성공이라는 목표를 달성하기 위해서는 다음과 같은 태도와 습관을 길러 주어야 한다.

- 사람들과 사이 좋게 조화를 이루면서 살 줄 알아야 한다.
- 자기의 몸과 마음, 시간과 돈을 잘 관리하고 경영할 줄 알아야 한다.
- 살아가면서 부딪치는 온갖 문제들을 합리적으로 판단하고, 이들을 현명하게 처리할 줄 알아야 한다. 이를 위해서는 지식과 지혜와 기술을 습득할 필요가 있다(이용태, 2008).

진로·인성 융합교육은 한마디로 미래 우리 사회의 주역이 될 아이들에게 직업의 종류나 특정 직업에 필요한 자격증, 보수, 그 직업에 필요한 기능이나 지식을 넘어서 사람이 직업에 종사하면서 지녀야 할 미덕이나 가치관, 태도 등 직업인 이전에 사람으로서 마땅히 갖추어야 할 품성을 함께 가르치는 것을 말한다(박영하, 2015).

IQ 중심의 지식교육, 진로교육과 EQ중심의 도덕교육, 인성교육은 동전의 앞뒤와 같은 것으로서, 21세기에 우리가 지향해야 할 교육은 이 두 가지를 통합한 진로·인성 융합교육이다.

이 책에서 저자는 지식교육을 보완할 인성교육에 초점을 맞추어, '인성교육이 무엇인가?' '부모 역할의 원리는 무엇일까?', 그리고 '우리는 부모와 교사로서 어떻게 우리 아이의 인성과 창의력을 키워낼 수 있는가?' 이 세 가지 질문에 대한 답을 찾아보려고 한다.

건강하고 장수하려면 병원 가는 것보다는 배우는 데
시간을 더 투자하라. 인성을 풍요롭게 하는 공부가
돈보다 값진 희망과 행복을 만든다.
인생에서 중요한 것은 부나 명예 같은 배경이나
지능(IQ)이 아니라 다른 사람들과의 관계다.
내 인생이 얼마나 행복해질 것인지는 내가 얼마나
좋은 관계를 맺고 있느냐에 의해 좌우된다.
관계만큼 중요한 것은 이타적인 사랑을 경험하는 것이다.
행복은 '사이'(between)에 있다

           – 조지 베일런트(George Vaillant)

1

사람으로서 마땅히 갖추어야 할 품성

인성(人性)이란 무엇인가?

신재인, Snow Outing, 2015

사람보다 소중한 것은 없다. 사람의 가치가 가장 존중받는 나라가 좋은 나라다. 선진국은 한 사람, 한 사람을 소중하게 여기는 행복한 사람이 많은 나라라고 할 수 있다.

인간이 마땅히 지녀야 할 올바른 품성이란 어떤 것인가? 부모와 교사들은 자녀와 학생을 어떤 사람으로 키워야 할 것인가? 이 물음에 '인성'(人性)의 필요성이 대두된다.

인성과 유사한 의미를 가진 다양한 단어가 있는데, 성격·심성·사람 됨됨이·마음씨·품성·기질·성향·성질·본성·태도·성품·개성 등의 용어가 사용되고 있다. 인성의 구성요소를 명확하게 규정하기는 어렵다. 인성은 한 개인이 통합적으로 보여 주는 품성, 덕성, 인품, 인격 등과 같은 의미로 이해할 수 있다. 인성을 적합하게 번역할 단어는 인격(personality)이나 성품(character)인데, 이 단어는 인격 또는 성격으로 번역된다. 인성은 인간의 성품이다. 또는 각 개인이 가지는 사고와 태도 및 특성으로 정의하고 있다(전영, 2015). 따라서 인성교육(character education)에서 인성(character)이라는 말은 성격(personality)이 아니라 인격(personhood)을 말한다고 할 수 있다. 인격은 덕(virtues)으로 구성되기 때문에 인성교육이란 덕을 함양하기 위한 계획적 노력이다(김충렬, 2015).

좋은나무성품학교를 운영하며 성품(인성)교육에 앞장서고 있는 이영숙(2010)은 성품을 '한 사람의 생각, 감정, 행동의 표현'이라고 정의하고 있다. 어떻게 생각하고, 어떻게 감정을 표현하며 감정을 조절하는지, 어떤 행동을 어떻게 하는지가 바로 그 사람의 성품이라는 것이다.

성품은 성질과 품격을 말하는 것으로 성질은 마음의 바탕이고, 품격은 사람됨의 모습이라고 할 수 있다. 인성은 '사람 마음의 바탕이 어떠하며 사람됨이 어떠하다'는 것을 말한다. 즉, 사람으로서 마땅히 갖추어야 할 품성을 말한다. 교육의 근본 목적은 사람을 사람 되게 하는 데 있다.

사전적 의미에서 인성이란 '사람의 성품'으로 정의되고 있으며, 성품이란 '성질과 품격'을 말하고 있다. 성질이란 정신적 바탕을 말하며, 품격이란 '물건의 좋고 나쁨의 정도' 또는 품위, 기품으로 정의된다. 사람 됨됨이가 되었다는 것은 인격의 성숙단계 혹은 인간의 성숙과 관련하여 일정한 수준에 도달했음을 의미한다(김영래, 2015).

인성이란 개념은 인간의 본성, 인격, 기질, 성격, 사람 됨됨이, 전인적 인간성(humanity) 등을 포함하고 있다. 한마디로 인성은 타인과 구별되는 개인만의 심리적 양식으로 사회인으로서 배려와 공감, 소통을 통해 타인과 책임 있게 상호작용을 하는 실천 역량이라 할 수 있다(최원호, 2016). 인성이란 바람직한 인간의 성품으로 도덕성, 사회성, 정서를 포함하는 말이다. 인성 또는 품성이란 어느 개인의 가치, 신념, 태도, 행위, 성격 특성을 합친 집합체다. 인성은 타고난 심성으로 한 사람이 독특하게 가지고 있는 성격이나 사고와 태도, 그리고 행동 특징을 의미한다. 그리고 품성이란 그릇된 일을 할 수 있는 상황에서도 기어코 옳은 일을 하려고 하는 용기다(Popkin, 2007). 인성은 좋은 성품(品性)이다.

오늘날 교육 영역에서 가치, 옳음, 덕과 같은 주제와 함께 거론되는 개념은 인성, 성품, 품성, 도덕성, 인격이라는 말들이 있다. 인성을 교육한다는 말은 "지식을 많이 소유한 인간을 기르는 것이 아니라, 오히려 '인성'을 갖춘 '인간다운' 인간을 기르는 일에 관심을 집중해야 한다"는 의미로 통용되고 있다.

상담학자 김상인(2016)은 인성을 "타인과 구분되는 독특한 심리적 행동양식으로서 타인의 언행에 대해 배려하는 공감 능력과 소통하는 태도로 사회적 상호작용에 대해 책임성 있게 실천하는 역량"으로 정의하고 있다.

성격(personality)이란 사람이 타고난 자신의 유전적인 기질을 세상에 드러내는 방식이며, 외적인 것으로 타인에게 보이는 것을 의미한다. 성격을 정신분석에서는 '일생 동안 지속되는 행동 패턴'(lifelong behavior pattern)이라고 한다(이무석, 204). 반면 성품은 타고난 성격에 교육과 경험의 요소들을 포함한 환경적 영향력에 의해 형성된 내면의 덕을 갖춘 상태를 말한다.

인간이라는 말에 사이 간(間)이 포함되어 있다는 점에서 인간의 본성에는 인간관계가 이미 전제되어 있음을 알 수 있다. 좋은 인간이 된다는 것은 좋은 인간관계를 맺는다는 것과 같은 뜻이다. 내 삶 자체가 내가 맺고 있는 인간관계의 총합이기 때문이다. 일에서 성공해도,

가족이나 주변 사람들과의 관계가 건강하지 않다면 성공적인 삶이라 할 수 없다.

기독교세계관의 관점에서 본다면, 인성은 개인성찰의 삶, 대인관계의 삶, 그리고 하나님과의 삶이라는 세 가지 영역에서 작동한다고 할 수 있다. 인성은 한 사람의 체계화된 행동에 대한 총체적인 그림으로서 이 전체성 안에서 신체적·정적·지적·영적인 측면들이 인식될 수 있고, 이러한 측면들이 인성을 구성할 때 지속적으로 서로 관계와 영향을 미친다(Frame, 1969).

좋은 성품(인성)이란 '갈등과 위기의 상황에서 더 좋은 가치로 문제를 해결하는 능력'이다. 최근에는 인성을 개인의 역량으로 인식하여 '책임감, 회복탄력성, 긍정성, 공감 역량' 등을 강조하고 있다.

인성은 결국 더불어 잘 살 수 있는 능력이다. 특히 요즘 같은 집단지성 시대에는 타인과의 관계조율이 중요하다. 이제는 집단지성의 시대다. 혼자서는 잘 살 수 없고 다양한 능력과 재능이 있는 사람들이 어울려야만 문제를 해결할 수 있는 세상이 되었다. 관계조율 능력이 중요해졌다. 인성도 단순히 그 덕목을 안다고 되는 게 아니라 오래 갈고 닦아야 하기 때문에 능력이고 실력으로 봐야 한다(조벽, 2016). 인성교육에서 중요한 것은 인간의 관계성이다. 이는 '나, 인간관계, 그리고 나 이외의 대상'으로 구분된다.

- **나**: 친구나 부모, 교사 등과 약속을 잘 지키고 정직해야 한다.

- **인간관계**: 상대방에 대한 배려심, 책임감, 협동심 그리고 공감하는 능력을 키워야 한다.
- **나 이외의 대상**: 성숙한 시민으로서의 민주의식 향상이나 공동체 의식을 가져야 한다.

앤디 스탠리(Andy Stanley)는 『성품은 말보다 더 크게 말한다』에서 "성품이 미치는 범위는 당신의 재능, 교육, 배경, 인맥보다 넓다. 그런 것들로 문이 열릴 수는 있으나 일단 그 문에 들어선 후 어떻게 될지는 성품으로 결정된다"고 했다. 인성은 마음의 태도라고 할 수 있다. 인성은 특정한 개인이 생각하고 느끼고 행동하는 독특한 방식이며, 다른 사람과의 상호작용을 통해 뚜렷이 드러나고, 변하며, 보완 및 성장해 나갈 수 있는 것이다.

윌리엄 제임스(William James)는 말한 적이 있다. "인류가 발견한 최고의 깨달음은, 인간은 자신의 태도를 바꿈으로 말미암아 자신의 인생을 바꿀 수 있다는 것이다." 태도를 바꾼다는 말은 삶을 바라보는 자신의 관점을 바꾼다는 말이다. 관점, 태도, 자세, 삶의 철학 등 다양한 이름으로 불리는 것을 심리학에서 프레임(frame)이라고 부른다. 똑같은 상황도 관점을 달리하면 다르게 보인다. 인생에서 중요한 것은 마음의 자세다. 인성은 세상과 인생을 대하는 태도라고 할 수도 있을 것이다.

성품(인성)은 "한 사람이 가지고 있는 생각과 감정, 행동의 총체적 표현"이다(이영숙, 2011). 성품교육은 사람의 생각, 감정, 행동을 변화시켜

그를 행복하게 하는 교육이다. 성품의 세 가지 영역, 즉 생각과 감정과 행동은 다양한 경험 안에서 서로 연관되어 상호작용을 하여 함께 성장한다. "개인의 행동 패턴, 즉 도덕적 체질"을 의미하는 말로도 쓰인다(김충렬, 2015).

사회의 모든 가치는 그것이 돈이든 명예든 권력이든 사랑이든 간에, 모두 다 인간관계로부터 나오는 것이다. 우리가 인생에서 '성취' 혹은 '성공'이라고 부르는 모든 것의 기본에는 인간관계가 깔려 있다. 그리고 그 인간관계를 잘 맺고, 유지하고, 조절하고, 갈등을 관리하는 능력이 바로 인성지능이다(김주환, 20011).

결국 인성의 핵심은 다른 사람에 대한 공감과 배려다. 인성을 조망수용 능력이라는 말로 설명하기도 하는데, 자기와 타인 사이의 상호관계를 타인의 눈을 통해 보고 이해하는 능력이다. 자기중심적 사고에서 벗어나 타인의 입장이 되어 역할을 받아들이고 이해하는 능력이다. 인성은 결국 '타인, 공동체, 자연과 더불어 살아가는 데 필요한 인간다운 성품과 역량'이라고 할 수 있다(조벽, 2016).

인성교육은 지시교육이 아니다. 인성은 스스로 깨닫고 다른 사람과 공감하며 가슴으로 배우고 행동으로 옮겨 실천해야 한다.

우리는 다음 세대들을 서로 공감하고 소통할 줄 아는 강한 회복탄력성을 지닌 건강한 인간들로 길러내야 한다. 단지 수학과 영어를 잘 하는 '예비임금노동자'가 아니라 강하고 행복하고 긍정적인 리더십을 지닌 인재로 길러내야 한다.

인성교육의 지향점은 행복이다

우리는 인성교육을 통해 올바른 행복관 정립을 도와야 한다. 우리는 삶 속에서 무엇을 얻고자 하는가? 대체로 궁극적 목적 혹은 최종적으로 얻고자 하는 것이 행복임을 부정하기는 어렵다. 우리는 모두 행복한 성공을 지향한다. 하지만 우리는 "행복해진다는 것이 무엇을 의미하는가? 무엇이 행복으로 이끄는가? 그리고 무엇이 그렇지 않은가?"를 깊이 생각하지 않고 그냥 행복에 대한 막연하고 맹목적인 집착 현상을 나타내곤 한다.

사람들은 이와 같이 행복의 중요성을 인정하고 행복해지기를 바라지만 '행복이 무엇이며 어떻게 살면 행복해질 수 있는가?' 하는 문제에 대하여는 별로 관심을 가지지 않는다. 대부분의 사람들은 막연하게 행복하기를 바랄 뿐, 행복이 무엇이며, 어떻게 살면 행복해질 수 있는가를 알지 못한 채 행복이라는 신기루를 찾아 헤매다가 마침내 행복을 얻지 못한 채 생을 마감하고 만다.

일찍이 아리스토텔레스는 '훌륭함은 반복과 습관화로 이루어진 예술'이라고 하였다. 우리가 습관적으로 하는 일들이 우리가 어떤 사람인지를 결정한다. 완벽이란 한 번의 행위가 아니라 일종의 습관이다. 인간의 삶에서 가장 궁극적인 가치가 행복이라면, 그리고 우리 모두가 지금보다 더 행복해지기를 원한다면, 행복을 가져다 줄 습관을 만들어 실천해야 한다. 사람이 습관을 만들지만, 결국엔 습관이 사람을 만든다(전영, 2015).

행복이 삶의 목표라면, 덕성과 인성은 행복의 바탕이다. 2015년 7월부터 시행되고 있는 인성교육 진흥법에서는 인성교육의 핵심가치와 덕목을 그 우선순위에 따라 정직, 책임, 배려, 존중, 협동, 소통, 예절, 효도 순으로 소개하고 있다. 인성교육은 도덕성의 교육이기도 하다. 도덕적으로 바른 삶을 살 때 우리는 행복하다. 연구 결과 남을 배려하고 타인에게 감사하는 마음을 갖는 것이 쾌락이나 성취감보다 사람에게 더 큰 행복감을 안겨 주는 것으로 나타났다.

그런데 대학입시를 목표로 하는 교육 때문에, 초·중·고등학교에서조차 "감사합니다", "미안합니다"로 요약될 수 있는 도덕적 감수성의 기본이 되는 초보적인 언어조차 가르치지 못하고 있다. 좋은 인성의 소유자는 도덕적 감수성을 지닌 사람이다. 다른 사람의 심정과 처지를 섬세한 마음으로 헤아릴 줄 아는 사람이다. 공감 능력, 즉 역지사지(易地思之)할 수 있는 사람이다. 소통과 공감 능력이 있을 때 우리는 행복한 사회를 만들 수 있는 것이다.

행복한 이유는 다양하다

행복은 인생 전반에 대해 느끼는 주관적 자기만족이다. "기쁨, 만족, 안녕감을 누리면서 자신의 삶이 좋고 의미 있으며 가치 있다고 생각하는 상태"(류보머스키, 2008), 즉 "현재에 존재하는 즐거움을 발견하고 과거에 존재했던 고마운 사람을 기억하고 미래에 다가올 기쁨을 기대하는 마음 상태"(최인철, 2015)라고 생각한다. 행복은 즐거움과 만족, 그리고 자아실현적 안녕감(eudaimonic well-being)의 다차원적 결합이다.

인생은 태도, 일, 시간, 사랑, 커뮤니케이션, 가정, 친구, 돈, 건강, 영혼이라는 10개의 공을 저글링하는 것과 같다. 어느 하나도 인생에서 떨어뜨릴 수 없는 것들이다. 10개의 공을 균형적으로 저글링하며 살아갈 때 행복도, 비전도 이룰 수 있는 것이다(Douglas Daft).

'인생의 목적은 행복'이라고 할 때, 대다수 사람들이 고급가치보다 하급가치를 행복의 수단으로 여긴다면, 그 인생의 목적은 지극히 적은 사람만이, 더구나 굉장히 어렵게 이룰 수밖에 없다. 그런 식의 행복 추구는 결과적으로 '더불어' 행복한 사회보다는 '내가 더' 행복한 경쟁적 사회를 낳고야 말 것이다(손봉호·옥명호, 2015). 인간행복의 90%가 인간관계에 달려 있기 때문이다(키엘케고르).

우리나라처럼 짧은 시간 내에 경제적으로 풍요로워진 나라도 드물 것이다. 가난과 궁핍으로 UN의 원조를 받아야 했던 것이 엊그제인데 이제는 원조를 해주는 입장이 되었다. 하지만 우리의 마음은 그러한 풍요로 충분하지 않은 듯하다. 욕심과 집착이 더 많아져서 성공의 잣대가 돈이 되어 버렸다. 돈 많이 벌어서 대박을 터뜨린 사람이 성공한 사람이요, 잘사는 사람으로 치부되는 세상이다.

한국사회는 유감스럽게도 지나치게 물질적 풍요만을 목표로 한 과학, 경제교육에 치중한 나머지 정신적 건강을 위한 도덕, 인성교육, 시민교육을 소홀히 해왔다. 우리는 미래 세대를 위해 자신의 내면을 바르고 건전하게 가꾸고 타인과 공동체, 자연과 더불어 살아가는 데 필요한 인간다운 성품과 역량을 키워야 한다. 어떤 마음과 자세로 사는 것이 인생을 가치 있게 제대로 사는 것인가를 가르쳐 주어야 한다.

우리는 왜 자녀를 행복하게 키워야 하는가? "행복한 사람이 더 오래 살고, 병에 덜 걸리고, 결혼생활을 더 오래 유지하며, 범죄도 덜 저지른다. 또한 더 창의적인 아이디어를 내놓고, 직장에서 더욱 열심히 일하며, 돈도 더 잘 벌고, 다른 사람들을 더 많이 도와준다. 행복하면 신체적으로 튼튼해지고, 경제적으로 안정을 이루며, 남에게 도움이 되고, 친구들에게 둘러싸일 기회가 많아진다. 행복하면 창의성과 활력, 그리고 희망이 넘친다"(정동섭, 2016).

행복의 기초는 유년기에 형성된다. 제멋대로 성장한 아이들은 불만족스럽고 불행한 어른이 되기 쉽다. 처음부터 행복해야 하고, 인생을 마칠 때까지 계속 행복해야 한다. 아이들을 행복하게 키우고 그 아이가 행복한 어른이 되도록 키우는 것이야말로 개인과 교육기관, 교회, 그리고 정부의 최대 목표가 되어야 한다.

많은 이들은 물질적 만족과 권력, 미모, 쾌락, 특히 성적인 쾌락에서 행복을 찾고 있다. 쾌락을 행복으로 착각하고 성욕을 사랑으로 착각하는 것이다. 뿐만 아니라 나 혼자 행복한 것은 행복이 아니다. 인간은 누구나 더불어 사는 존재이기 때문에, 다른 사람들이 다 불행하고 나만 행복하다면 그것은 진짜 행복이 아니다. 내가 속한 공동체의 행복지수가 높을 때, 나 역시 더 많이 행복할 수 있는 것이다.

현대 한국인들은 아직 오지 않은 미래를 위해 현재를 희생하는 일을 어린 시절부터 단련한다. 미래를 위해 쉬지 않고 달려가지만 정작 그 미래에 도착하면 다시 다음 미래를 위한 준비에 착수한다. 그러니 한국인들의 일생에는 지속적인 준비작업만 있을 뿐이다. 한국인들은 '이렇게 하면 즐겁고 행복하겠지' 하면서 미래를 준비한다. 하지만 준비했던 그 미래에 도착하면 또 다른 미래가 기다리고 있다. 현재가 없을 뿐만 아니라 미래도 없는 것이다. 행복한 현재는 영원히 오지 않는 것이다(김대식, 2015).

행복은 정해진 목적지가 아니라 하나의 과정이다. 삶의 질, 행복에서 가장 중요한 요인은 '일과 사랑' 두 가지다. 행복으로 가는 여정에는 두 가지 길이 있다. 하나는 "행복으로의 길은 물질적 부(material wealth), 즉 소유나 명성, 직업적 성공, 육체적 매력과 같은 외재적인 목표의 추구에 있다고 생각하는 접근방식"이며, 다른 하나는 "행복이란 정신적 부(pyschological wealth), 즉 사랑, 친밀한 인간관계, 자기 자신의 인간적 성장(배우는 즐거움), 작은 일상을 긍정적으로 인식하는 태도, 공동체에 대한 공헌 등을 통해 발전한다고 생각하는 접근방식"이다.

자신의 삶에 점수를 매긴다면 몇 점을 주겠는가? 개인적으로나 국가적으로나 소득이 대폭 늘어나도 행복에는 별로 영향을 미치지 못한다. 삶의 양은 늘어났는데, 삶의 질은 좋아지지 않았다는 말이다. 실제로 2차 세계대전 이후에 선진국들은 국민소득이 증가하면서 사람들의 행복지수도 높아졌다. 하지만 사람들은 사회적 관계의 어려움으로 고통을 겪으면서 행복을 무너뜨리고 말았다(레이어드, 2011).

가장 행복한 삶은 소유를 통한 행복이 아니라 존재를 통한 행복이어야 한다. 우리는 권력, 인기와 같은 외부의 조건, 소유가 아니라 우리 내면의 평화와 기쁨, 즐거움을 통해 행복해야 한다. 이것이 우리가 선택해야 할 새로운 행복이다. 인간이 선택해야 할 행복의 기준은 '우리가 무엇을 성취했느냐'라는 과거형이 아니라 '우리는 어떻게 살아가고 있느냐'라는 현재형이다. 무엇을 하느냐, 무엇을 찾았느냐, 무엇을 소유했느냐가 아니라 어떻게 살아가고 있느냐가 중요한 시대인 것이다(김병완, 2013).

많은 사람들이 믿고 있는 생각 가운데 가장 치명적인 것은 부와 명성이 행복을 가져다준다는 생각이다. 돈이 있으면 무조건 행복할 것 같아도, 더 많은 돈이 길라잡이가 되어 행복의 나라로 안내하는 것은 아니다. 기본적인 의식주가 충족된다면 소득 이외의 다른 가치에 더 집중하면서 사는 것이 행복 자산을 늘리는 방법이다(Bormans, 2010).

부나 성공, 명성이 많은 사람의 인생을 망쳤고 그들을 불행하게 만들었다. 부나 명성이 가까운 인간관계와 같은 중요한 요소를 악화시키는 경우에는 더더욱 그러하다. 물질적·외재적 목표를 추구하는 부유한 선진국에서 정신병이 급증하고, 우울증·주의력결핍장애·폭력범죄가 급증하고 있다. 모든 선진국에서 청소년 자살이 증가하고 있다. 과도한 물욕과 낭비는 불교, 기독교, 유교, 힌두교, 유대교 등 모든 종교에서 끊임없이 비판받아 왔다. 역사학자 아놀드 토인비(Arnold Toynbee)도 "물질적인 부를 최고 목표로 하는 인간들을 기다리고 있는 것은 파멸밖에 없다"고 했다.

행복은 물질적 재산보다는 심리적·정신적 재산의 결과물이다. 우리들 대부분은 돈과 물질적 소유, 사회적 지위가 행복으로 가는 지름길인 것처럼 행동한다. 돈과 명예는 행복을 보장해 주는 보증수표가 아니다. 지난 50년 동안 경제는 극적인 성장을 했지만, 인간의 행복에는 큰 도움을 주지 못했다. 인간이 기본적으로 필요로 하는 심리적 상황은 물질적 부가 아니라 인간관계이기 때문이다. 인생에서 가장 중요한 것은 다른 사람들과의 관계다.

"가장 중요한 건 나쁜 것에 집중하느라 좋은 것을 스쳐 보내면서 인생을 헛되이 쓰지 않는 것이다. 막대한 부를 가진 사람들, 권력을 쥐거나, 외모가 출중하거나, 재능이 넘치는 사람들이 평범한 사람들보다 꼭 행복하다고 말할 수 없다. 행복을 위한 최고의 방법은 자신을 희생하고 싶을 정도로 무엇인가를 사랑하는 것이다. 자신이 잘하는 일로 다른 사람까지 행복하게 해야 한다. 우리는 다른 사람을 사랑해야 한다. 가족을 비롯해 다른 사람과 평화롭고 사랑스러운 관계를 유지할 때 그 행복을 생각해 보라"(Bormans, 2012).

영국의 보수당 당수 데이비드 캐머론(David Cameron)은 행복(general well-being)의 중요성에 대해 이렇게 말했다. "행복은 돈으로 평가될 수 없고 시장에서 거래될 수도 없다. 행복은 우리 주변의 아름다움, 우리 문화의 질, 그리고 무엇보다도 우리 인간관계의 힘에 관계된 것이다."

에리히 프롬(Erich Fromm, 1999)은 그의 책 『소유냐 존재냐』에서 인간의 삶을 존재양식과 소유양식으로 구분하고 있다. 프롬에 의하면, 우리는 철저하게 소유 지향적인 삶을 살아가고 있다. 물질적 부에서 행복을 찾고 있는 것이다. 그런데 기독교와 불교는 다른 사람과 더불어 조화를 이루며 존재 지향적 삶을 살라고 촉구하고 있다.

이제 감성지수(EQ)의 시대다

인간은 사회적 동물이다. 사람은 절대로 혼자 살아갈 수 없는 '관계 불가피적 존재'다. 인생에서 인간관계는 선택이 아닌 필수다. EQ에 관한 책을 썼던 심리학자 대니얼 골만(Daniel Goleman)은 "최근 신경과학의 발전을 통해 SQ(사회지수)가 중요하다는 점이 속속 밝혀지고 있다"며, 사람이 성공하려면 지능지수(IQ)와 감성지수(EQ) 못지않게 사회지수가 중요하다고 주장했다.

최근 심리학적 연구를 통해 밝혀진 것은, IQ보다 EQ, 즉 지능보다 정서지능이 장기간의 직업적 성공, 건강, 인간관계, 삶의 질, 행복 등에 훨씬 더 중요한 역할을 한다는 것이다. IQ는 학력, 직업, 수입, 결혼, 건강, 장수 등과 별관계가 없다. IQ는 성공, 행복과 무관하다. 정서지능은 자기이해, 타인이해, 적응력, 스트레스 관리 능력, 감정조절 능력, 관계관리 능력, '큰 그림'을 볼 수 있는 능력이라고 할 수 있다. 놀라운 것은 인지지능은 선천적이지만 정서지능은 후천적으로 향상될 수 있다는 것이다(최성애, 2014).

　그렇다면 관계에서 성공하느냐 실패하느냐, 행복한 삶을 사느냐 불행한 삶을 사느냐를 결정짓는 것은 무엇일까? 그것은 바로 정서적인 요인, 즉 EQ라는 것이다.

　대니얼 골만(Daniel Goleman)은 정서지능이 높은 사람들의 특징을 몇 가지로 정리했다.

(1) 정서지능이 높은 사람들은 자기성찰, 즉 자기 알아차림이 뛰어나다.
(2) 정서지능이 높은 사람들은 자기관리를 잘한다. 자신의 감정과 행동을 잘 관리한다.
(3) 정서지능이 높은 사람들은 자기뿐 아니라 주변 사람들의 감정과 갈등을 잘 파악하고, 사회적 관계에서 상황을 잘 파악한다.
(4) 정서지능이 높은 사람들은 관계관리 능력이 뛰어나다. 갈등을 현명하게 관리하고, 타인에게 좋은 영향과 영감을 주고, 타인의 성장에 도움을 준다.

　우리나라를 더 행복한 나라로 만들려면, EQ를 높이는 인성교육으로 자녀들의 회복탄력성을 높이는 쪽으로 패러다임의 전환이 있어야 할 것이다.

　돈이 많은 사람과 좋은 친구가 있는 사람 중 누가 더 행복할까? 물질적인 풍요를 정신적인 풍요로 바꿀 때가 되었다. 대자연의 풍요, 사람들 사이에 존재하는 관계의 풍요, 그리고 그것으로부터 솟아나는 행복의 풍요로 대체할 때가 되었다. '돈을 많이 버는 사람이 되는 것'이나 '인기가 많은 사람이 되는 것'과 같은 외재적인 목표보다 '다른 사람을 도와주기'와 '더 좋은 인간관계를 갖는 것'과 같은 내재적 목표를 세우고 그 목표를 추구하는 사람이 더 행복하다. 왜 그럴까? 그 이유는 돈, 인기, 명예를 위한 목표는 다른 사람과 늘 경쟁하게 하고 시기심과 질투심을 일으키기 때문이다. 또 목표를 달성했을 때 오는 기쁨도 금방 사라지고 만다. 그러나 진정으로 자신을 위하고 다른 사람을 사랑하며 사회에 공헌하기 위한 목표는 우리의 잠재력을 더 발휘하게 해서 우리로 하여금 활력이 넘치고 더 행복하게 한다.

남자는 대개 권력과 지위, 그리고 사물에서, 즉 성취하는 경험에서 행복을 찾는 경향이 있다. 반면에 여성은 관계와 협동, 그리고 보다 나은 의사소통, 즉 연결하는 경험에 초점을 맞춘다. 관계가 여성에게는 행복의 가장 중요한 척도가 된다. 남자는 충분히 갖지 못하는 것(having enough)에 대한 두려움이 있다면, 여자는 충분히 되지 못하는 것(being enough)에 대한 두려움이 있다. 여자는 더 날씬해지고, 더 똑똑하고, 더 젊어지고, 더 아름답고, 더 인기 있어지는 데 관심이 있다(Baker & Greenberg, 2007). 행복을 위해 남녀는 서로의 세계를 이해할 필요가 있다.

하향비교가 행복을 만든다. 과거와의 대조, 주변과의 구분 등, 우리는 대조를 통해 즐거움을 느낄 수 있는 존재로 만들어졌다. 비교할 때는 상향비교보다 하향비교를 하는 게 좋다. 우리는 일상의 작은 것 속에서 얼마든지 만족감을 얻을 수 있다.

전 세계 모든 문화들은 진정한 행복의 원천으로 세 가지 삶의 목표를 강조해 왔다.

> (1) **좋은 인성개발**: 우리가 할 수 있는 최선의 사람이 되는 것
> (2) **관계를 사랑하기**: 다른 사람과의 좋은 관계 형성과 유지
> (3) **사회에 공헌하기**: 타인의 삶 및 공동체에 긍정적인 변화를 가져오기(정창우, 2015).

행복의 충분조건은 '마음이 편하고 성격 좋은 사람이 되는 것'이다. 인간관계에 대해서 잘 배우고 그것을 적절히 익히고 실천하면 행복해진다는 뜻이다. "돈은 많이 벌지 못해도 남에게 신세지지 않고, 가족과 친구와 이웃들과 잘 어울려 지내고, 아이들과도 다툼 없이 즐겁게 지낸다면 그 사람은 행복한 사람이라고 말할 수 있지 않을까요?"(노경선, 아이를 잘 키운다는 것).

인간행동의 거의 대부분은 다른 사람들과의 관계, 즉 대인관계의 맥락에서 행동과 반응이 일어난다. 사람은 사회적 관계, 즉 인간관계가 원만할 때 삶의 질이 높아지고 행복지수가 올라간다. 행복한 삶에는 돈과 건강, 꿈과 일이 필요하다. 그리고 사랑하는 사람, 대화상대가 필요하다(강수돌, 2015).

결국 우리 자녀들의 행복지수를 높이려면 관계기술을 포함하는 인성교육을 강화해야 할 것이다.

신재인, Just before Soaring, 2016

2

인간다운 성품과 역량을 키우는 일
인성교육이란 무엇인가?

인성교육은 지·정·의를 조화롭게 발달시키는 마음의 교육이다.
개인적 자아실현을 도와주는 가치교육이며 도덕교육이기도 하다.
인성교육은 성인군자를 만들자는 것이 아니다.
음악이나 미술도 감상하고 운동도 즐길 줄 아는 인간, 그리고
무엇보다 정직하고 남을 배려할 줄 아는 인간을 기르자는 것이다.

　　지금까지 한국교육은 "개인의 지(知), 정(情), 의(意), 체(體)를 긍정적으로 변화시켜 올바른 인간관계를 형성하고 바람직한 품성을 함양시키기 위한 인성교육, 도덕교육, 인간교육"에 초점을 두었다고 할 수 있다(이영숙, 2007).

　　우리에게는 한국문화와 한국인의 정신적, 심리적, 행동적인 요소들을 고려하여 한국인에게 맞게 태아부터 성인에 이르기까지 평생을 지원하도록 고안된 성품교육 과정이 필요하다(이영숙, 2011).

　　인성을 영어로 'human character, human nature'로 표기하는데, 이는 성격이나 성품을 의미한다. 인성은 사람의 마음밭인 성질(특질)과 사람됨의 모습으로도 설명된다. '교육'은 영어로 education인데, 이것은 e+ducare의 합성어로서 "학생의 선천적 자질을 밖으로 이끌어내어 길러 준다"는 뜻이다.

　　인성교육은 태어나면서 지니고 있는 본성 위에 학습자(부모, 교사, 종교지도자, 기타 지인)가 건강한 민주시민으로 성장할 수 있도록 가르치는 것이다. 타고난 본성 위에 교육적 경험을 제공하여 더 성숙한 인성을 가진 사람으로 성장하도록 돕는 것이다(김상인, 2016). 다시 말해 인성교육은 "자신의 내면을 바르고 건전하게 가꾸고 타인과 공동체, 그리고 자연과 더불어 살아가는 데 필요한 인간다운 성품과 역량을 길러주는 일"(인성교육 진흥법안, 2014)이라고 할 수 있다. 인성교육(character education)은 인간다운 성품과 역량을 지니고 살아갈 수 있도록 도와주는 활동이다. 더 간단하게 정의한다면, 인성교육은 "바람직한 인성특성을 습득하도록 가르치고 지도하는 교육활동"이라고 요약할 수 있다.

성공과 EQ의 관계

교육의 목적은 ① 성공하는 사람 ② 행복한 사람 ③ 사회에 도움을 줄 수 있는 사람을 키우는 데 있다. 스탠포드대 루이스 터만(Lewis Thurman) 교수는 3대에 걸친 종단연구 끝에 "성공의 조건은 타고난 지능, 신체적 조건, 힘 있는 부모, 재력이 아니라 성격과 인격(성품), 기회포착 능력이 좌우한다"고 결론을 내렸다. IQ는 학업이나 직업적 성공, 결혼생활, 즉 인생의 성공이나 행복에 별 다른 영향을 미치지 않는 것으로 나타났다. 그렇다면 과연 IQ가 아닌 무엇이 사람의 장기적인 발전이나 성장에 영향을 미칠까? 바로 정서지능(EQ)이다. '우리가 의식하는 것은 빙산의 일각이고, 실제로는 무의식이 우리를 지배한다'는 프로이드의 말을 빌려서, IQ는 지능의 일부분이고, 지능을 관장하는 더 큰 힘은 정서지능이라고 말할 수 있을 것이다(조벽, 최성애, 2012).

노벨경제학상을 수상한 시카고대학의 제임스 해크먼 교수는 2011년 한국 방문 당시 인터뷰에서, 유아교육을 통해 어린아이들에게는 반드시 '소프트 스킬'(soft skill)을 키워 줘야 한다고 강조한바 있다. 소프트 스킬이란 지적 능력이나 지식 외에 인간이 살아가는 데 꼭 필요한 비인지 능력(EQ)을 뜻하는데, 어려움을 참아내는 인내력, 다른 사람과 쉽게 어울릴 줄 아는 친화력 등이 핵심이다. 결국 지식교육보다 인성교육을 우선시해야 한다는 말이다.

인성교육은 어떤 측면에서 보면 바른 태도를 선택하도록 하는 교육이라 할 수 있다. 태도란 무엇인가? 태도란 겉으로 드러난 언행 자체라기보다는 그것의 원인이 되는 생각과 감정, 다시 말해 '속마음'이라 할 수 있다. 태도는 어떤 대상에 대한 긍정적 또는 부정적 반응이다. 스윈돌 목사는 말한다. "내게 태도는 교육, 재산, 환경, 성공과 실패보다 더 중요하다. 또한 태도는 외모나 타고난 재능, 기술보다 중요하다. 태도는 회사, 가정을 일으키기도 하고 무너뜨리기도 한다. 중요한 것은 우리는 하루하루 자신이 취하는 태도를 선택할 수 있다는 사실이다." 태도(속마음)는 언행의 씨앗이다.

태도는 어떻게 만들어지는가? (1) 성격 - 태도를 형성하는 가장 큰 요소 (2) 자라온 환경 (3) 주변 사람들의 말 (4) 자신에게 붙이는 꼬리표 - 자아상(self-image) (5) 무엇을 경험하는가? (6) 주변 사람들과의 교제 - 시간을 함께 보내는 사람을 닮아간다. (7) 당신의 생각 (9) 선택 - 무엇을 하는가? 당신의 태도에 따라 삶이 바뀔 수 있다 (John Maxwell).

태도만으로 성공할 수는 없다. 실력과 경험, 그리고 훌륭한 태도가 함께 어울릴 때 성공의 열매를 맺을 수 있다. 올바른 인성이 성공과 행복을 가져다준다는 말이다.

태도는 삶을 바라보는 관점, 인간관계, 인생의 도전에 직면하는 방법을 바꿀 수 있다. "주어진 상황에서 자신의 태도를 선택하고 그리하여 자기만의 길을 선택하는 것이 인간이 누릴 수 있는 최후의 자유다"(Viktor Frankl). 우리는 지나간 과거를 바꿀 수 없다. "바꿀 수 있는 것은 바로 태도다. 삶은 자신에게 일어나는 일 10%와 그 일에 대한 자신의 반응 90%로 이루어진다. 자신의 태도에 대해 책임져야 할 사람은 오직 자신이다"(Charles Swindol).

EQ는 '마음의 힘'이다. 감성지수는 마음의 근력을 나타낸다. 흔히 IQ로 대표되는 기억, 지각, 추리, 계산 등이 머리의 힘이라면, 공감, 소통, 이해, 감정표현과 관계 대처 능력 등은 정서지능(emotional intelligence)이라 할 수 있다. 자신의 감정을 잘 인식하고 표현하고 조절하며 다른 사람의 감정을 잘 읽고 공감하는 능력이다.

부정적인 태도를 가지면 무엇이든 하기가 싫어진다. 그러나 긍정적인 태도를 가지면 무엇이든 하고 싶어진다. 우리의 행복을 좌우하는 것은 IQ가 아니라 EQ다.

정서지능(EQ)을 연구한 대표적 인물 다니엘 골만(Daniel Goleman)에 따르면, EQ가 높은 사람은 우선 자신의 감정을 잘 알아차리고 충동을 통제하는 데 능하고, 자기관리를 잘하며, 변화하는 상황에 잘 적응한다. 그리고 자신의 감정뿐 아니라 타인의 감정도 잘 알아차리고, 타인에 대해 잘 이해하고 파악하면서 대처한다. 무엇보다도 EQ가 높은 사람은 인간관계를 잘 관리한다. 갈등을 해결하는 것을 물론이고, 타인에게 영감을 주거나 좋은 영향을 주고, 타인의 성장에 도움을 준다.

"공부를 잘하고 점수를 잘 받는 것 모두 중요합니다. 성인이 된 후 성공하는 길 중 하나이기도 하죠. 하지만 그것만으로는 충분하지 않습니다. 자녀가 학교를 졸업하고 난 뒤 동기가 없어 무너지는 것을 원하지 않음을 아는 것이 중요합니다. 똑똑한 것은 출발점이지 도착점이 아닙니다. 동기부여가 되어야 하고, 헌신해야 하고, 삶 속에서 자신이 하는 일을 사랑해야 하고, 실패와 좌절과 마주쳤을 때 회복할 수 있어야 합니다"(Peter Salovy).

인성교육은 지·정·의를 조화롭게 발달시키는 마음의 교육이다. 개인적 자아실현을 도와주는 가치교육이며 도덕교육이기도 하다. 인성교육은 성인군자를 만들자는 것이 아니다. 음악이나 미술도 감상하고 운동도 즐길 줄 아는 인간, 그리고 무엇보다 정직하고 남을 배려할 줄 아는 인간을 기르자는 것이다.

학력은 높지만 자율성과 내재동기 낮아

한국교육의 문제는 흥미도(내재동기)나 자기주도학습(자율성)의 수준은 낮고, 학력 수준만 높다. 실력은 대단하지만, 인성 즉 인간성이 부족하다. 우리나라 초·중등학생들은 수학·읽기·과학에서 학업성취도가 OECD 국가 중 최상위권이지만, 행복지수는 최하위권이다. 학생들이 공부하는 이유를 물어보면, "엄마를 기쁘게 해드리기 위해서"가 1

위를 차지한다. "공부가 좋아서, 재미가 있어서"라고 대답하는 학생은 드물다. 학교(schole: school)는 본래 '즐거운 곳'이라는 의미를 담고 있다. 학교는 함께 학습하며 지적으로, 정서적으로, 사회적으로 성장하는 과정을 통해 '그때 그곳'(there and then)이 아니라 '지금 여기'(here and now)를 누리는 곳이어야 한다.

일찍이 교육학자 듀이(John Dewey, 1971)는 "학생들이 미래를 위해 학교에서의 현재적 삶을 희생할 것이 아니라, 오히려 현재적 삶을 충분히 탐구하며 즐길 때 미래를 가장 잘 준비할 수 있다"고 주장한바 있다.

학교가 민주적 학습공동체가 되면 학생들은 자율성, 소속감, 역량감을 느끼며 행복한 학교생활을 할 수 있다(김충열, 2016).

EQ가 높은 사람은 자기 동기화(self-motivation)를 잘한다. 자기를 동기 부여하는 방법에는 세 가지가 있다. 다음 세 가지 질문에 대답하다 보면 자신의 동기화 여부를 알 수 있을 것이다.

- 당신은 그 목표에 도달하고자 하는 욕구를 충분히 갖고 있는가?
- 당신은 그 목표에 도달할 수 있다는 확고한 믿음을 갖고 있는가?
- 당신은 그 일을 성취하는 자신의 모습을 마음속으로 그려볼 수 있는가?

인생의 우선순위를 설정할 때 나 자신의 솔직한 요구보다는 사회적 시선이나 실패하지 않을 가능성, 주변의 과도한 기대와 요구에 부응할 수 있는지의 여부를 먼저 고려하게 만든다. 무엇이 되고 싶지 않고, 무엇도 하고 싶지 않다는 마음에 사로 잡혀 있는가? 그것은 단지 무기력 상태다. 무엇인가에 호기심을 갖고, 선망하며, 즐기는 것은 인간의 본성이다. 그것에서 꿈은 탄생한다. 자신이 가장 잘 하는 분야에서 최선을 다하라. 우리는 모든 일을 잘 할 수는 없다. 자신이 아닌 다른 사람이 되려 하지 말라(강성모, 2016).

모든 사람들에게는 성공과 자기개발에 필요한 잠재 능력이 있는데, 이렇게 성공을 해서 정상에 오른 사람들을 보면, 마음속으로 그 잠재 능력을 뛰어넘겠다고 결심하고 노력했기 때문에 정말 성공할 수 있었다.

EQ가 높은 사람들이 행복하고, 성공하며, 건강하고, 다른 사람들에게도 좋은 영향을 준다는 것은 연구 결과 밝혀졌다. 성공적인 인생을 살기 위해서 필요한 것은 매순간 주어진 조건들을 어떻게 이해하고, 느끼며 행동할지에 대해 옳은 선택을 연습하는 태도다. 곧 성공은 성품이 결정한다는 것이다(이영숙, 2010). 인성교육은 EQ를 높이는 교육이라 할 수 있다.

교육의 가장 근본적인 가치는 '사람을 사람답게 만드는 것', 즉 인성에 있다. 인성교육은 건전하고 올바른 인성을 갖춘 시민을 육성하여 개인의 행복과 안녕을 증진시킬 뿐만 아니라, 개개인의 존엄과 가치가 존중되는 세계로의 진보를 이루는 데 이바지할 수 있는 인간을 육성하는 데 목적을 두고 있다(정창우 외, 2013:13: 인성교육 진흥법 제2조). 인성은 개인적 차원과 타인, 공동체, 자연과의 관계 차원에서의 인간다운 성품과 역량에 대한 개념이라 할 수 있다.

인성교육이란 자신의 내면을 바르고 건전하게 가꾸고 타인, 공동체, 자연과 더불어 살아가는 데 필요한 인간다운 성품과 역량을 기르는 것을 목적으로 하는 교육을 말한다. 한 사람이 지닌 지(知), 정(情), 의(意)를 조화롭게 발달시키는 교육이 인성교육이며, 개인의 자아실현을 위한 가치관 교육, 독립 개체로서 타인들과 어울려 사회생활을 함께하면서 더불어 살아가는 생활지침의 도덕, 윤리교육이라 말할 수 있다(김용기, 2016). 인성교육은 '사람다운 사람을 육성하기 위한 인간교육' 또는 '인간다운 성품과 역량을 기른다'는 뜻이다. 영어권에서는 character education, value education 또는 moral education으로 표기한다.

인성교육 진흥법(2014)에서는 '인성교육'을 "자신의 내면을 바르고 건전하게 가꾸며 타인, 공동체, 자연과 더불어 사는 데 필요한 인간다운 성품과 역량을 기르는 것을 목적으로 하는 교육"으로 정의하고 있다.

결국 인성교육이란 대신(對神), 대인(對人)관계에서 기본적으로 지켜야 할 도덕성을 함양하는 교육으로서 십계명을 지키도록 교육하는 과정이라 해도 과언이 아니다. 성경은 말하고 있다. "피차 사랑의 빚 외에는 아무에게든지 아무 빚도 지지 말라 남을 사랑하는 자는 율법을 다 이루었느니라. 간음하지 말라, 살인하지 말라, 도둑질하지 말라, 탐내지 말라 한 것과 그 외에 다른 계명이 있을지라도 네 이웃을 네 자신과 같이 사랑하라 하신 그 말씀 가운데 다 들었느니라. 사랑은 이웃에게 악을 행하지 아니하나니 그러므로 사랑은 율법의 완성이니라"(롬 13:8-10).

인성교육이란 '인간다운 성품과 역량을 지니고 살아갈 수 있도록 도와주는 활동'으로 그런 덕성을 함양하기 위한 계획적인 노력이다. 인성교육은 사람의 됨됨이를 살펴 마음의 바탕을 닦아 바람직한 인간으로 만들어가는 학습과정이라고 할 수 있다(차명호, 2013). 이의용 교수(2015)는 인성교육이란 "스스로 바로 서는 것, 다른 사람이나 공동체와 함께 어울리며 더불어 사는 것"이라고 정의했다. "I am OK, You are Ok"로 요약할 수 있을 것이다.

진로교육이 "어떻게 내 꿈을 키우고 끼를 살려 행복하게 살아갈 것인가?"에 대한 것이라면, 인성교육은 "어떤 마음과 자세로 사는 것이 인생을 가치 있게 제대로 사는 것인가?"에 대한 것이다. 지식교육(진로교육)과 인성교육은 함께 이뤄져야 한다.

덕이란 '옳은 것을, 옳은 방식으로, 옳은 시간에, 옳은 이유로 행할 정착된 성향'이라고 정의할 수 있다. 인성교육은 '아는 것'에 그치지 않고, '느끼고 행동하는 삶' 전체를 포함한다.

민주 시민적 자질과 품성을 교육하는 것을 나라에 따라서는 국민윤리교육(national ethics education), 도덕교육(moral education), 인성교육(character education), 시민교육(citizenship education)이라고 한다.

인성교육의 요소 세 가지

조연순(2007)은 인성교육을 자신의 개성을 발휘하여 사회, 공동체에 이익을 줄 수 있는 인간으로서의 자질과 능력을 기르는 교육이라 정의하고, 인성교육의 구성 요소를 크게 '자아존중 의식', '타인존중 의식' 그리고 '민주시민 의식'으로 제안했다. '자아존중 의식'은 사물을 올바른 눈으로 볼 줄 알고, 여러 가지 상황에서 현실을 바르게 판단하며, 자신을 사랑할 줄 아는 것을 말한다. '타인존중 의식'은 타인의 인격을 존중할 줄 아는 것을 의미하며, '민주시민 의식'은 더불어 살아가는 공동체 의식을 가지고 사회에 봉사하는 것으로 범주화했다.

우리나라 대학생들에게 공통적으로 발견되는 것이 '4無 현상'이다. 첫째, '나'에 대한 인식이 취약하다. 즉 '내가 누구인가?' 하는 정체감이 부족하고, 그러한 나를 소중히 여기는 '자존감'이 부족하다. 둘째, 꿈이나 목표가 없다. 그저 취직해서 돈 많이 버는 것이 꿈이다. 자신의 전공에 대해 부정적이고 꿈이나 목표가 없이 활력이 없는 대학생활을 한다. 셋째, '인성'이 부족하다. 개인 이기주의가 심하고 옳고 그름을 구분하고 가치 있는 것과 그렇지 못한 것을 판단하는 가치관이 정립되어 있지 않다. 무엇보다 다른 사람과 소통하고 협력함으로써 도움을 주고받는 능력이 대단히 취약하다. 넷째, '자립심'이 부족하다. 다시 말해 자기주도력이 부족하다. 자기 일을 스스로 주도하는 능력이 이전 세대에 비해 크게 취약한 것이 현실이다. 제대로 된 인성을 지닌 사람의 특징은 어떻게 나타나는가?

- 자기 신체(외모)에 대한 만족도가 높다.
- 긍정적이며 성공에 대해 확신한다.
- 자신이 속한 나라, 가정, 학교, 교회, 직장에 대해 긍정적이다.
- 자신이 가치 있고 보람된 삶을 살고 있다고 생각한다.
- 새로운 상황, 경험, 일에 대해 개방적이다.
- 자신의 잘못, 실수, 실패를 인정하며 자신에게 정직하다.
- 부정적 감정(불안, 분노, 슬픔 등)을 잘 수용하고 조절한다.
- 긴장과 도전적 상황에서도 당황하지 않고 유연하게 잘 대처한다.
- 자신은 물론 상대방도 있는 그대로 인정하고 받아들인다.
- 상대방을 불편하게 하지 않으면서 자신의 감정과 의견을 자유롭게 표현한다.
- 상대방의 의견과 생각을 진지하게 대한다.
- 자신의 재능, 소유물, 그리고 자신이 이룬 일들을 소중하게 여긴다.
- 칭찬과 애정, 감사하는 마음을 주고받는 것을 자연스럽게 행한다.

이와 같은 인성 특성이 바로 '자아존중 의식', '타인존중 의식', 그리고 '민주시민 의식'을 두루 갖춘 바람직한 인성이 아니겠는가?

손곡초등학교 권영애 교사(2016)는 버츄 프로젝트(Virtue Project)라는 이름으로 미덕교육을 실천하고 있는데, 미덕(美德: virtue: 덕성)의 사전적 의미는 '아름답고 갸륵한 덕행'을 의미한다. 미덕, 즉 덕성이란 시대나 장소, 세대나 계층에 상관없이 누구나 소중하게 여기는 것을 의미한다. Virtue(미덕)는 힘, 능력, 에너지를 의미하는 라틴어 Virtus에서 유래되었다.

한국 버츄 프로젝트에서 제시한 52개의 미덕을 내용에 따라 분류하면 다음과 같다.

- **자아존중**: 감사, 결의, 근면, 기뻐함, 기지, 끈기, 목적의식, 소신, 열정, 유연성, 이상 품기, 인내, 자율, 절도, 정돈, 중용, 진실함, 창의성, 청결, 초연, 탁월함, 평온함, 한결같음, 확신.
- **타인존중**: 겸손, 관용, 너그러움, 도움, 믿음직함, 배려, 사랑, 사려, 상냥함, 신뢰, 신용, 예의, 용기, 용서, 우의, 이해, 인정, 존중, 친절.
- **민주시민**: 명예, 봉사, 용기, 정의로움, 정직, 책임감, 충직, 헌신, 협동, 화합.

긍정심리학에서는 '긍정 특질' 즉, 개인이 지속적으로 지니고 있는 긍정적 성품과 행동양식, 성격 강점과 미덕, 그리고 탁월한 재능을 말하는데, 긍정심리학자들은 창의성, 지혜, 겸손, 끈기, 진실성, 열정, 리더십, 낙관성, 유머 감각, 영성 등을 거론하고 있다(권석만, 2011). 긍정심리학의 창시자 마틴 셀리그먼은 진정한 행복이란 사람마다 자신의 긍정적 성품을 발견하여 삶에 적용해 나가다 보면 개인의 대표적인 강점과 재능이 될 수 있다고 했다. 이러한 긍정 특질을 살리는 것이야말로 행복한 삶을 사는 것이라 할 수 있다.

인성교육은 좋은 습관을 길러주는 것

학생들에게 길러 주어야 할 인성 요소에는 지적 인성, 도덕적 인성, 시민적 인성이 포함되며 이러한 각 인성 요소들은 핵심 덕목과 핵심 인성 역량으로 구성된다. 즉 인성교육의 목표는 좋은 인간성과 훌륭한 시민성을 갖춘 사람이 되기 위해 보편적으로 요구되는(실천적) 지혜를 포함한 지적 덕목인 성실(정직), 용기, 절제, 배려, 예, 효 등 도덕적 덕목, 그리고 인권존중, 준법, 협동, 사회적 책임, 정의 등 시민적 덕목을 길러 주는 것이다(정창우, 2015).

인성교육의 본질은 앎과 삶의 문제를 도덕적, 모범적 차원에서 실천, 수행하는 데 있다.

인성의 '핵심가치 덕목'이란 인성교육의 목표가 되는 것으로서 예, 효, 정직, 책임, 존중, 배려, 소통, 협동 등의 마음가짐이나 사람 됨과 관련되는 핵심적인 가치 또는 덕목을 말한다.

인성의 '핵심역량'이란 핵심가치 덕목을 적극적이고 능동적으로 실천 또는 실행하는 데 필요한 지식과 공감·소통하는 의사소통 능력이나 갈등해결 능력 등이 통합된 능력을 말한다. 결국, 우리가 인성교육을 통해 갖추어야 할 자질과 역량은 주로 자신에 대한 신뢰와 타인에 대한 배려의 태도다. 한마디로 인성교육은 공동체 생활에 필요한 심성 실천교육인 것이다.

좋은 성품은 타고난 것이 아니라 가르치고 훈련하여 얻는 인격적 결단이다. 좋은 습관은 좋은 성품에서 나온다. 매일 무의식적으로 행한 버릇들이 우리의 습관이 되어 우리를 지배한다. "사람이 습관을 만들지만 나중에는 습관이 사람을 지배한다"는 말이 있다. 결국 인성교육은 좋은 습관을 길러주는 것이다.

행복과 성공의 열쇠는 '긍정적 태도'다. 긍정적 사고가 긍정적 태도를 이끌어낸다. 대체 무엇을 긍정적으로 생각해야 하는가? 필자는 나, 너, 일, 상황을 긍정적으로 인식하는 것이 중요하다고 본다.

우선 사람은 모든 것(everything)이면서 아무것도 아닌 존재(nothing)라는 태도가 필요하다. 한편으로 자존감을 지니고 살면서, 다른 편으로 대단히 겸손하게 살아야 한다고 본다(강우철, 2015).

인성교육, 즉 덕성교육은 미덕을 발견하고, 말하고, 듣고, 실행할 수 있는 네 가지 힘을 향상시킴으로써 바람직한 성품을 기르는 것을 목표로 한다(이은정, 2012).

미덕은 아이의 내면에 이미 존재해 있는 능력이다. 부모와 교사는 이미 아이들 안에 내재되어 있는 미덕을 일깨우고, 강화시키기만 하면 되는 것이다. 인간에게는 '보는 힘, 듣는 힘, 말하는 힘, 행동하는 힘'의 '네 가지 힘'이 있다. 우리의 인성을 결정하는 힘을 가지고 있다. 모든 아이는 누군가 자신에게 격려를 보내며, "나는 너를 알아, 너는 소중한 사람이야"라는 메시지를 보내는 사람, 그런 따뜻한 눈길이 필요하다. 아이들뿐 아니라 어른들도 누구나 바른 인성을 개발할 필요가 있다.

인성교육에는 3H(Head, Heart, Hand)가 필요해

인성개발을 위해서는 충분한 시간과 인내, 교육조건이 필요하다. 인성은 반복적인 습관화의 과정이 필요하다. 한 개인의 인성 형성은 전생애적인 과정을 통해 이루어진다. 인성교육은 몸 공부, 마음 공부,

고전 공부의 유기적인 결합체다. 제대로 된 인성교육을 위해서는 3H, 즉 Head, Heart, Hand를 길러주어야 한다. 인성 함양을 위해서는 가정과 학교 그리고 공동체 간 협력적 동반자 관계 구축이 필요하다. "한 아이를 키우려면 온 마을이 필요하다"(아프리카 속담). 아이들의 인성 함양을 위해서는 학교와 교사, 학부모, 국가 및 지역사회, 민간단체 등이 인성교육의 동반자가 되어야 한다.

인격의학의 창시자이며 대화상담의 주창자 폴 투르니에(Paul Tournier)에 의하면 ① 사랑love과 ② 고난suffering ③ 동일시identification(모델링) ④ 적응adaptation 등 네 가지 요인이 인성발달 과정에서 특별히 중요한 역할을 한다. 사랑을 받아야만 사랑을 줄 수 있고 사랑을 받고 자라야만 사랑할 수 있는 능력이 생긴다.

폴 투르니에는 인간을 자연적 세계와 초자연적 세계에 속한 존재로 본다. 자연세계의 한 부분으로서 인간은 본능적으로 행동하고 음식을 소화시키며 늙고 병드는 동물적인 '몸'(body)을 가지고 있다. 또한 인간은 감정을 경험하고 사물을 상상할 수 있는 부분, 즉 '정신'(pscyche)이 있다. 그리고 사람의 지성, 즉 생각하고 추리하고 뜻을 정하며 추상적인 생각을 다루는 '마음'(mind)이 있다. 인간을 전인격적 존재로 규정하고 있는 투르니에의 기독교 정신과 심리학적 통찰로 인성교육을 하는 것도 인성교육의 좋은 대안이 될 수 있을 것이다.

사회학습 이론가인 앨버트 밴두라(Albert Bandura)는 이렇게 말했다. "우리의 가치와 태도, 행동양식의 대부분은 동일시, 즉 모델링(modeling)을 거쳐서 형성된다." 사도 바울은 일찍이 말한 적이 있다. "내가 그리스도를 본받는 자가 된 것같이 너희는 나를 본받는 자가 되라"(고전 11:1). "너희는 내게 배우고 받고 듣고 본 바를 행하라. 그리하면 평강의 하나님이 너희와 함께 계시리라"(빌 4:9).

인성교육의 가장 효과적인 방법은 모델을 보여 주고 본받게 하는 것이다. 따라서 가정의 부모와 구성원들은 먼저 바람직한 삶의 모습을 제공하고 그러한 생활을 직접 실천하면서 몸에 익히도록 이끌어야 한다. 가정에서 좋은 인격의 모델이 되라. 당신이 추구하는 가치를 표현해라. 자녀에게 좋은 예절의 모델이 되고 이를 가르쳐라. 좋은 책들을 구입 보관하고 자녀들에게 읽어 주라. 자녀들에게 스포츠, 취미, 음악 혹은 다른 형태의 예술활동 등 긍정적인 활동에 에너지를 쏟도록 안내하라.

성품은 한 사람의 생각과 감정, 행동의 총체적 표현이다(이영숙). 인간의 행위 속에는 지적, 정의적, 행동적 요소가 유기적으로 연결되어 있다. 따라서 인성도 지적, 정의적, 행동적 요소의 유기적 관계에 의해서 드러난다. 성공을 좌우하는 것은 지능이 아니라 성격과 인격(품성), 기회포착 능력이 좌우한다. 자신의 태도에 대해 책임져야 할 사람은 오직 자신이다. 긍정적, 부정적 태도는 언제나 우리 자신이 선택할 수 있는 것이다.

'인성교육' 또는 '품성교육'이란 용어는 아동에게 긍정적인 성격의 자질을 길러 주기 위한 노력과 관련되어 있다. 현대 사회에서 생존하고 번영하기 위해서는 "공감 능력, 자신감, 의사소통, 인내심, 위기극복 능력"과 같은 자질들이 필요하므로, 생각하기 – 느끼기 – 행동하기의 회로를 통해서 길러지며, 아동과 성인이 모두 성공 회로 안으로 들어가도록 돕는다.

21세기 사회에서 인성교육은 도덕교육이나 인간됨에 대한 교육에 국한할 수 없다. 21세기 사회의 인성교육은 "모든 학생이 자신의 가능성을 실현하고 성장하면서 모든 사람에게서 인정을 받을 수 있는 교육"이어야 하며, "인간이 타고난 성품을 발현하도록 이끌어 주는 교육, 스스로 올바르게 판단할 수 있는 사고 능력과 표현 능력을 갖추고 이를 사회생활에 적응하도록 도와주는 교육"이 되어야 한다(차명호, 2015).

우리는 생각과 감정, 그리고 행동의 모든 영역을 포괄하는 교육내용과 교육방법을 체계화하여 유아·유치 성품교육과정, 초등 성품교육과정, 청소년 성품교육과정, 그리고 부모 성품교육과정으로 구성하여, 삶의 현장에 실제적으로 적용해 나아가야 할 것이다.

마음을 교육하지 않고 머리만 교육하는 것은 결코 교육이
아니다. 영어단어를 하나 더 배우고 수학공식을 하나 더 외
우는 것보다 온 가족이 함께하는 밥상머리에서 아이의 마음
을 열게 하고 숨은 가능성을 끌어내는 것이 부모로서 먼저
해야 할 일이 아닐까?

– 문용린 | ·전 교육부장관

3

무엇이 우리를 행복으로 이끄는가?

학교 인성교육에 영향을 주는 외부 요인들

신재인, Silent Dialogue, 2016

인간 행동의 대부분은 다른 사람과의 관계, 즉 대인관계의 맥락에서 일어난다. 인간은 사회관계의 그물망 속에서 살아가고 있다. 우리는 사회적 상호작용(social interaction)을 하면서 서로 영향을 주고받으며 살아간다. "우리가 자신을 완성하기 위해서는 다른 사람이 필요하다. 인간이 행복하기 위해서는 다른 사람과 상호작용을 하고, 타인과 서로 얽힐 필요가 있다."

인성은 다양한 과정을 거쳐 형성, 발달하기 때문에 특정한 한 가지의 이유만을 들어 형성된다고 말하기는 어렵다. 개인은 각자의 고유한 양식을 바탕으로 성장하기에 생물학적인 선천적·유전적·생득적 영향도 크지만, 그보다는 개인이 살고 있는 성장배경 등에 따라 발생하는 후천적, 환경적, 학습적인 영향이 더 중요하다(최원호, 2016).

인성교육 실패 원인에는 사회, 가정, 학교 세 요인이 있다. 인성 함양을 위해서는 가정, 학교, 공동체 간의 협력적 동반자 관계의 구축이 필요하다. 인성교육은 그 사람을 둘러싸고 있는 가정, 학교, 사회, 문화적 환경, 그리고 주변의 영향력 있는 사람들의 변화가 함께 이뤄져야 그 목적을 달성할 수 있다. 따라서 부모와 교사의 인성 회복이 시급한 과제라고 생각한다. 바른 인성을 갖춘 부모와 교사가 자녀와 학생을 교육시킬 수 있기 때문이다.

첫째, 국가가 학교 인성교육에 영향을 미치는 거대 사회로서 그 정치적 통치체제와 제도는 직간접적으로 교육적 기능을 띤다.

둘째, 지역사회는 학생들이 직접 몸을 담고 살아가는 공간으로서 지역사회의 인적·물적 자원 및 사회·문화적 환경은 학생들의 인성교육에 영향을 미치며 교육적 기능을 띤다. 최근 젊은 층 사이에서 '금수저, 흙수저'와 같은 자조적인 논란이 발생한 것은 부모의 학력이나 경제적인 능력, 직업 계층이 자녀에게 영향을 미친다는 것을 보여 준다.

셋째, 가정은 인성교육에 일차적 책임을 지고 있는 곳이다. 인성교육은 가정 및 학교와 사회에서 모두 장려되어야 한다. 가정은 인성을 기르는 가장 작은 공동체로서 최초이자 최고의 학교다. 최고의 가정과 학교는 행복한 가정과 행복한 학교다. 이런 행복한 장소에 있는 어른들은 교육의(인생의) 목표가 행복이라는 사실을 알고 있다. 양육 과정에서 발생하는 부모의 태도, 훈육방식 등의 가정적인 요인은 아이에게 직접적인 영향을 미친다.

우리나라도 점차 인성의 중요성을 인지하여 학교와 기업도 모두 그 방향으로 나아가는 추세다. 왜냐하면 성적과 스펙이 실제 삶에서 미치는 영향은 아주 적기 때문이다. 하지만 학교에서의 인성교육은 한계가 있다. 진짜 인성교육은 가정에서 이루어진다. 가정이야말로 최고의 인성교육이 이뤄지는 곳이다. 가정이야말로 가장 좋은 인성 학교다(이대희, 2016).

부모가 된 사람은, 부모의 역할이야말로 가장 중요하고도 보람찬

소명이라는 것을 알아야 한다. 자녀의 미래에 크나큰 영향을 미치는 것은 무엇보다 당신의 일상적인 행동과 말이다(Marion Wright Edelman). "대부분의 아이는 어릴 때 가정에서 경험한 행복한 순간을 기억하며 커서도 이에 기대어 살아간다"(Nicholas Gaitan, 2013).

자녀(학생)에게 좋은 인성교육을 하기 위해서는 긍정적인 기회나 사건을 만들어 주어야 한다. 이를 위해 우리는 다음과 같은 방법과 도구를 활용할 수 있을 것이다.

- **중요한 타인의 영향**: 부모, 교사, 친구들, 조부모와 친척들, 운동 코치, 교회 지도자.
- **대중매체**: 도서, 영화, 음악, TV, 인터넷.
- **사랑이 담긴 종교교육**: 지지적이고 사랑이 담긴 방법으로 자녀에게 신앙교육이 이뤄진다면 신앙은 물론이거니와 인격 함양에도 긍정적인 영향을 줄 것이다.
- **좋은 교육환경**: 좋은 교사와 시설도 중요하지만 자녀가 같이 노는 아이들과 그 가정의 질이 더 큰 영향을 미친다.

무엇이 우리를 행복으로 이끄는가? 진정한 행복의 원천으로서 다음과 같은 세 가지 삶의 목표가 강조되어 왔다. 첫째, 좋은 인성을 개발함으로 우리가 할 수 있는 최선의 사람이 된다. 둘째, 관계를 사랑하여 다른 사람과 좋은 관계를 형성하고 유지한다. 셋째, 사회에 공헌하여 타인의 삶과 공동체에 긍정적인 변화를 가져온다.

좋은 인성을 지닌 사람, 즉 높은 자존감을 지닌 사람은 다음과 같은 특징을 드러낸다(이의용, 2013).

우리는 어떻게 자녀에게 좋은 인성을 심어줄 수 있는가? 성경은 말한다. 아비들아, 너희 자녀를 노엽게 하지 말지니 낙심할까 함이라(골 3:21). 규칙과 제약이 있는 사회에서 성공적이고 행복한 삶을 살아갈 수 있도록 좋은 인성을 개발시켜 주는 것은 모든 부모의 의무다. 무엇보다 부모는 자녀의 삶에 인성모델이 되어야 한다. 가장 효과적인 인성교육은 부모가 스스로 모델과 본보기가 되는 것이다.

부모가 책상에 앉지도 않으면서 아이에게 공부만 강조하는 것도 모델학습의 실패요인이 된다. 부모가 게임을 하면서 아이에게 게임을 못하도록 강요하는 것도 효과가 없다. 가정에서부터 모델학습이 이뤄질 때 자연스럽게 긍정적인 행동 수정이 따르게 된다.

심리학자 알버트 밴두라는 그의 사회학습이론에서 다른 사람이 행동하고 경험하는 것을 보면서 자신의 학습과 행동에 영향을 받는다고 했다. 아이들의 행동은 멀리 있는 사람보다 가까운 사람, 특히 가족구성원일 때 모방학습이 일어날 가능성이 높아진다. 따라서 사회성을 만들어가는 대상은 부모로부터 시작해 주변 환경으로 점차 확장되어가기 마련이다. 속담에 "콩 심은 데 콩 나고 팥 심은 데 팥 난다"는 말이 있듯이 부모는 자녀의 거울이다. 아이를 보면 부모를 알 수 있듯이, 부모를 보면 아이를 알 수 있다. 부모는 스스로 아이들에게 본보기가 되도록 노력하므로 자녀의 인성교육을 위한 학습모델이 되어야 한다.

부모들은 자녀의 자기존중감과 용기와 같은 인격적 자질을 개발해 주는 일을 수행해야 한다. 낙심(discourage)시키지 말고 격려(encourage)하라는 것이다.

격려란 '용기를 불러일으키다'(intill courage)라는 뜻이다. "식물에게는 물이 필요하듯이 자녀에게는 격려가 필요하다"는 말이 있다. 격려는 자녀에게 용기, 자존감, 품성과 재능을 길러주는 비료다. 격려를 보내는 곳마다 그곳에 성장이 나타난다. 독서하는 것을 격려하라. 정직한 행동을 격려하라. 책임감, 협동심, 예절, 독립심, 효도, 사랑, 인내를 격려하라.

• 우리는 어떻게 자녀에게 좋은 인성을 심어줄 수 있는가?

우리는 전세계적으로 가장 물질적인 가치를 추구하는 나라가 되었다.

"내 인생의 가장 중요한 목표는 물질적 풍요다."

이 질문에 'Yes'라고 응답한 비율이 전세계에서 가장 높은 나라가 한국이다.

한국은 아프리카보다 돈을 더 중시하는 것으로 나타났다.

사랑과 돈 가운데 당신 인생에서 하나를 선택한다면 어떤 것을 선택하겠는가?

사랑에 더 가치를 두는 사람일수록 더 행복하다.

행복하기 위해서 돈에 집착할수록,

정작 행복의 원천이 되는 사람들로부터 멀어진다.

우리 사회는 여전히 '경쟁과 단절'의 문화다.

우리는 이를 '소통과 교류', '협력과 상생'의 문화로 발전시켜야 한다.

4

'경쟁과 단절'에서 '소통과 상생'의 문화로
우리의 사회적, 교육적 현실

신제인, Water Lily, 2015

하버드 대학교 조지 베일런트(George Vaillant)
교수는 행복한 삶에 이르는 일곱 가지 비결을 소개했다. 첫째는 삶의 고통에 적응하는 자세(방어기제)다. 나머지 여섯 가지는 안정된 결혼생활, 적당한 교육, 금연, 금주, 운동, 적당한 몸무게다.

베일런트 교수는 『인간성장보고서』에서 "행복하고 건강하게 나이 들어갈지를 결정짓는 것은 지적인 뛰어남이나 사회적 신분이 아니라 사회적인 인간관계"라고 말하고, 행복의 조건에 따뜻한 인간관계는 필수적이라고 역설했다. 긍정심리학의 창시자 마틴 셀리그먼(Martin Seligman)은 『행복방정식』에서 "아주 행복한 사람은 혼자 지내는 시간을 최대한 줄이고 폭넓고 자기 만족적인 사회생활을 한다"고 말했다. 성공만족도보다 관계만족도가 더 행복지수를 높인다.

본래 한국은 전통적으로 인성대국이었다. 일부 학자들은 인성교육이 삼국시대 이전부터 시작되었다고 주장하기도 한다. 과거 한국은 동방예의지국으로 불렸으며, 홍익인간을 중심으로 전개되는 교육과정은 한국이 인성교육에 대한 관심이 얼마나 높은가를 보여 주고 있다. 우리나라는 전통적으로 예를 존중하고, 어른을 공대하며, 책읽기를 즐겨하고, 어려운 사람을 돕고자 하였고, 성인의 덕성을 본받고자 노력했다.

높은 교육열은 많은 성취를 가져왔다. 청소년들은 국제수학 올림피아드에서 최고의 성적을 거두고 있으며, 골프·축구 등 각종 세계스포츠 대회에서 놀라운 성적을 거두고 있다. 그러나 경쟁 위주의 지식교육은 심각한 수준의 학교폭력, 낮은 수준의 행복감, 사교육 열풍, 도가 지나친 선행학습의 문제, 높은 청소년 자살률, 성매매나 범죄로 몰리는 청소년, 학업 중도 포기자, 심각한 청소년 욕설문화, 정서장애 및 행동장애 학생의 증가 등의 문제를 야기하고 있다.

우리는 지금까지 성취와 성공을 지향하느라 행복은 뒤로 하고 돈과 명예, 권력에만 혈안이 되어 성공 출세 지향주의에 빠져 있다. 체면을 중시하는 우리는 다른 사람들에게 보이는 행복을 추구한다. 큰 아파트, 큰 차, 좋은 옷, 명품 가방 같은 것을 소유하는 것이 행복이 되어 버렸다.

우리는 전세계적으로 가장 물질적인 가치를 추구하는 나라가 되었다. "내 인생의 가장 중요한 목표는 물질적 풍요다." 이 질문에 'Yes'라고 응답한 비율이 전세계에서 가장 높은 나라가 한국이다. 한국은 아프리카보다 돈을 더 중시하는 것으로 나타났다. 사랑과 돈 가운데 당신 인생에서 하나를 선택한다면 어떤 것을 선택하겠는가? 사랑에 더 가치를 두는 사람일수록 더 행복하다. 행복하기 위해서 돈에 집착할수록, 정작 행복의 원천이 되는 사람들로부터 멀어진다.

우리 사회는 여전히 '경쟁과 단절'의 문화다. 우리는 이를 '소통과 교류', '협력과 상생'의 문화로 발전시켜야 한다.

지금까지 우리는 입시위주의 주입식 교육, 열심히 듣고 암기하고 시험 보고 잊어버리는 교육을 거듭 반복했다. 집어넣는 교육만 한 것이다. 이제는 질문하고 대화를 나누고, 토론하고 논쟁하는 교육, 뇌를 격동시키는 교육, 끄집어내는 교육을 해야 한다.

한국교육개발원의 교육여론 조사(2014)에 의하면, 국민의 72.4%가 초·중·고 학생들의 인성, 도덕성 수준이 낮다고 밝히고 동시에 48%가 가장 시급히 해결해야 할 교육문제로 '학생의 인성, 도덕성 교육'이라고 분석했다.

어느 조사에서 "대한민국은 정의로운가?" 하고 물었다. 결과를 보면, "그렇다"고 대답한 사람은 응답자의 5%에 불과했다. "보통이다"가 30%, "그렇지 않다"가 무려 59%였다. 그만큼 우리 사회는 정의롭지 못하고, 정의실현에 대한 신뢰가 밑바닥까지 떨어져 있다는 것을 말해 준다.

우리사회에는 먹을거리에서 명품에 이르기까지 온갖 가짜가 판을 치고, 기상천외의 갖가지 사기 사건들이 쉴 새 없이 쏟아진다. 각종 부정, 비리, 불법, 편법 등이 넘쳐난다. 한 해에 각종 고소, 고발이 60만 건이 넘는다고 한다. 정직하고 정의로운 사람은 그저 입에 풀칠이나 하면서 살 수 있다고 한다. 돈을 크게 벌려면 수단껏 탈세를 하고, 부정과 비리, 불법과 편법을 총동원해야 된다고 서슴없이 말한다.

우리 사회는 도무지 믿을 것이 없는 세상이 되어가고 있다. 온통 가짜와 짝퉁과 사기가 판치는 세상이다. 가짜 식품, 불량식품, 위조식품, 원산지 속이기, 성분과 함량 속이기, 분량 속이기, 가짜 건강식품, 기능식품, 가짜약품 등 먹을거리조차 가짜와 사기가 넘쳐난다. 마음 놓고 믿고 먹을 식품이 아무것도 없는 것 같다.

곳곳에 사기꾼들이 득실거린다. 부동산 사기, 보이스피싱, 고전적 수법의 금전 사기, 각종 불법 도박이나 게임 등도 여전하다. 그야말로 눈 감으면 코 베어 가는 세상이다.

우리나라 대학생들에게는 공통적으로 4無 현상이 존재한다. 우리나라 대학생들은 첫째, '나'에 대한 인식, 즉 자기정체성이 취약하다. 정체성이란 부모로부터 독립된 자기만의 생각, 즉 자기만의 가치, 정치적 견해, 열정, 취향 등을 가지는 것이다. 우리나라 대학생들은 내가 누구인가에 대한 정체감이 부족하고, 그러한 나를 소중히 여기는 자존감도 부족하다. 둘째, 꿈이나 목표가 없다. 그저 취직해서 돈을 많이 버는 것이 꿈이다. 왜 돈을 많이 벌어야 하는지, 왜 그런 직업을 가지려 하는지에 대해서는 제대로 설명하지 못한다. 셋째, 인성이 부족하다. 개인 이기주의가 심하고, 옳고 그름을 구분하고 가치 있는 것과 그렇지 못한 것을 판단하는 가치관이 정립되어 있지 않다. 무엇보다 다른 사람과 소통하고 협력함으로써 도움을 주고 도움을 받는 능력이 대단히 취약하다. 넷째, 자립심이 부족하다. 즉, 자기주도력이 부족하다.

이러한 대학생 4無 현상은 대학 입학 이전 교육과정이 입시 중심으로 흐른 나머지 정체감, 자존감, 비전과 진로 설계, 자기주도력 같은 중요한 덕목과 가치교육을 생략하고 소홀히 한 후유증이다(이의용, 2015).

물질 빈곤시대에서 정신 빈곤시대가 되었다. 희망과 도전의 대명 사인 청춘을 보내야 할 청년들은 정반대로 포기를 먼저 배우고 있다. 3포(연애, 결혼, 출산 포기), 5포(취업, 주택 포기)를 넘어 7포(인간관계, 희망 포기) 세대라 불리는 시대를 살아가고 있다.

놀지 못하는 아이들

한국 아동의 삶의 만족도는 100점 만점에 60.3점으로 OECD 회원 국 가운데 최하위를 기록하였고, 2014년 한국의 어린이와 청소년의 행복지수는 OECD 국가 중 23위로 꼴찌였다. 한국의 어린이들은 행복하지 않다.

대한민국에서 부모가 되어 아이를 키우는 것은 기쁨일까, 고통일까? 한국의 부모들은 자식의 행복을 위해 살아간다. "나 하나 잘되더라도 자식 농사를 망치면 가문은 쇠퇴할 수 있다. 그러나 나 하나 고생하더라도 자식 농사 잘 지으면 가문은 번성할 수 있다"는 생각을 가지고 있다.

"한국인은 부부나 친구와 같은 횡적 관계보다는 부모 자식 사이와 같은 종적 관계를 더 중시한다"(한성렬 교수).

한국경제는 GDP(국내총생산) 규모를 기준으로 OECD 국가들 중에서

10위권에 속할 정도로 지속적으로 성장했다. 그러나 동시에 10여 년 가까이 자살률은 1위 자리를 고수하고 있으며, 행복과 관련된 지표들의 경우 OECD 국가들 중 거의 최하위다. 한국인의 세계 웰빙지수는 117위다. 일본, 이란, 이라크보다 낮다.

국민 4명 중 1명이 정신질환을 앓고 있다. 어린 세대일수록 정신건강이 나빠지고 있다. 우리 학생들의 정서 상태는 "지루함, 멍함, 답답함, 괴로움, 숨 막힘, 실망, 쓸쓸함, 씁쓸함, 서글픔, 우울함, 불안함, 초조함, 무기력함, 비참함, 무정함, 한스러움, 절망, 분노"로 표현되고 있다. 평상시 감정 상태가 바로 행복을 가늠하는 기준이 된다. 이런 부정적 정서 상태에서 초·중·고 12년을 살아온 학생들이 성인이 되어 행복을 누릴 리가 만무하다.

높은 각성 상태란 흥분 상태로서 자동차로 치면 액셀러레이터를 힘껏 밟고 있는 것과 마찬가지이고, 낮은 각성 상태란 이완으로서 브레이크를 밟고 있는 것과 마찬가지다. 우리 아이들은 브레이크를 밟는 동시에 액셀을 밟고 있는 셈이다. 엄청난 에너지를 소비하면서도 차는 어디로도 가지 않는다. 흥분과 초조, 분노와 지루함, 피곤, 절망감을 동시에 느끼고 있는 것이다(조벽, 2016).

미국 놀이연구소의 스튜어트 브라운(Stuart Brown)은 『플레이, 즐거움의 발견』에서 한국인들에게 충고하고 있다. "한국은 더 높이 도약할 준비가 되어 있지 않습니다. 바로 사회 전체에 '놀이'(play)가 없기 때문입니다. 놀이의 반대말은 일이 아닙니다. 놀이의 반대말은 우울함

(depression)입니다.”

놀 권리를 뺏기면 분노가 쌓일 수밖에 없다. 놀 권리를 박탈당한 아이는 부모에 대한 반감이 쌓인다. 노인 학대가 급증하고 있다. 부모가 복수를 당하고 있다. 신체적 학대, 방임, 경제적 학대로 나타나고 있다. 학대 가해자는 대부분 가족이다. 아들, 배우자, 딸 순이다.

한국의 주입식 교육, 획일적 교육, 일방적 교육이 창의성 발달을 방해하고 있다. 창의성은 놀이에서 나온다. 창의성은 평화로운 사람, 행복한 사람이 갖는 고유의 특성이다(김태형).

우리는 현재 고생해야 미래가 행복하다고 가르치고 있다. “지금 네가 무척 힘들고 불행하다는 것을 알아. 하지만 미래의 행복을 위해 참고 이겨내야 해.”

그리고 지식은 풍부하지만 대인관계 능력이 부족한 아이들, 사회성이나 실행력이 부족한 ‘사이보그형 아이, 백과사전형 아이’를 양산하고 있다.

우리나라 청소년들이 겪는 근본적인 문제는 공부가 아니라 어려서부터 제대로 놀지 못하고 자란 데 있다. 어려서부터 잘 노는 법을 가르치는 것이 제대로 된 교육이다. 창의성과 혁신성은 모두 놀이에서 나온다. 반드시 어렸을 때 잘 놀아야만 마음의 근력이 자라나고, 그래야만 열정과 집념을 갖고 자기가 하기로 마음먹은 공부를 잘 해낼 수 있다(김주환, 2013). 또래 친구들과 잘 어울리게 하는 것도 아이의 두뇌 발달과 자기조절력 향상과 학업 능력 향상에 결정적 도움을 준다.

특히 아빠가 자녀와 함께 놀아 주어야 한다. 아동실태 조사에 따르면 아이와 매일 놀아 주는 아빠가 13%에 불과했다. 1주일에 두 번도 놀아 주지 않는 아빠는 60%가 넘었으며, 심지어 1년에 두 번도 놀아 주지 않는 아빠도 25%였다.

아빠는 자녀가 어릴 때 함께 놀아 주는 시간으로 사랑을 계산한다. 놀아 주지 못하는 것이 아니라 놀아 주지 않는 아빠가 많다. 특히 신체놀이가 좋다. 아빠와 아이가 신체 놀이에 몰입할 때, 아이의 뇌는 행동을 조절하는 방법을 배울 수 있게 된다. 놀이를 할 때는 짧은 시간이라도 모든 일들을 잊어버리고 몰입해야 한다. 그리고 아이의 놀이가 되어야지 부모의 놀이가 되어서는 안 된다.

현재가 행복해야 한다

어릴 때 공부하느라 행복하지 않았고, 학창 시절 역시 공부하는 기계로 사느라 행복하지 않았다. 취업 전쟁을 치르면서 성인이 될 때까지 계속 행복하지 않았더라도 대기업에 취직만 하면, 부자만 되면 단번에 행복해질 거라는 미신을 버리지 못한다.

현재의 행복 없이 미래의 행복도 없다. 현재 행복하지 않은 사람이 미래의 어느 날 갑자기 행복해지기란 불가능하다. 현재 시점에서 행복하지 않다는 것은 이미 마음속에 행복보다 불행한 감정이 많다는 것을 의미하기 때문이다. 어린 시절, 실컷 논 아이는 미래에도 행복하겠지만, 놀이를 박탈당했던 아이는 미래에도 행복하지 않을 가능성이 높다. 한국의 부모들은 '미래의 행복을 위해서 지금은 불행해야 해'라는 잘못된 생각을 과감히 버리고, 우리 아이들이 지금, 여기에서부터 행복해질 수 있도록 도와줘야 한다(김태형).

놀지 못하는 이유는 무엇일까? ① 가난한 사람은 놀 자유를 찾기 힘들다. 노는 것은 '도피'하는 시간이다. ② 여자는 집에서, 남자는 직장에서 놀 시간을 찾기 힘들다(많은 어머니들은 놀 시간이 없다). ③ 너무 바쁘고 쫓기는 생활 가운데 소비주의의 결과 우리는 종종 놀 때 '일 한다.' ④ 놀이에 대해 왜곡된 이해를 하고 있다. 놀이를 도피주의, 수동성, 쾌락주의, 또는 자기도취로 왜곡한다(자녀는 TV 앞에서 아무 생각 없이 논다).

잘 노는 아이들은 신체적으로도 건강하고 심리적으로도 안정되고 행복하다. 또 사회성이 발달하고 창의력과 문제해결력, 인지 능력 발달에도 도움이 된다.

정신과 의사 리처드 카보트(Richard Cabot)는 "건강한 사람의 활동은 일과 사랑, 놀이, 그리고 예배"라고 규정하였다.

일에 바쁘다 보면 가정도, 건강도, 친구도, 꿈과 이상도, 취미와 기호도 도덕과 윤리도 모두 포기하거나 기피할 수밖에 없는 불쌍한 처지가 된다. 일과 삶의 균형이 깨지고 만다(문용린, 2004). 현대인은 경제적 부를 위하여 삶을 희생하고 있다. 일은 있으나 삶이 없다.

행복학의 아버지 에드 디너(Ed Diener)는 한국을 방문했을 때 우리문화에 대해 이렇게 지적하였다. "한국이 상대적으로 행복지수가 낮은 데는 여러 가지 이유가 있다. 그중 하나는 사람들이 돈을 너무 중시한 나머지 사회적 관계를 희생시키고, 돈을 사랑이나 다른 사람에 대한 배려보다 중요하다고 생각하는 것이다. 돈을 벌려고 밤에도 일하고 주말에도 일하니 가족과 친구는 뒷전이 된다.”

놀이가 어린이에게 중요한 이유

놀이는 아이의 사고력, 사회력, 정신력 발달과 건강에 크게 기여한다.
① 사회성이 좋아진다.
② 정서지능이 높다.
③ 정서지능과 사회적 기술이 높아지기 때문에 학교생활을 성공적으로 보낼 수 있다.
④ 자제력이 뛰어나다.
⑤ 창의력이 뛰어나다.

– Christine Carter, 2010

놀이의 다섯 가지 특징

① 비실재적이다. 여기와 지금을 벗어나 전혀 다른 상징적 세계에서 활동하게 된다.
② 내적 동기에서 출발한다. 자기 스스로의 만족, 재미는 있고 물질적 이득은 없다.
③ 목표와 결과보다 과정을 즐기는 것이다.
④ 자유와 선택: 스스로 선택하여야 한다. 억지로 지시에 따라 하면 재미가 없다.
⑤ 즐겁다. 하루하루가 즐거운가? 즉흥적인 면이 있다.
놀이에는 기쁨과 즐거움, 불쾌감의 부재, 그리고 만족이 있다.

– 김정운, 2013

놀이는 즉흥적 발명과 변화의 여지가 있는 모든 활동을 일컫는다. 우리는 이미지와 아이디어를 가지고 놀 수 있다.

긍정심리학자 프레드릭슨(2015)은 '재미와 기쁨, 흥미와 같은 긍정 정서를 느끼면 일시적으로 사고와 행동 목록을 확장시켜 마음과 생각의 문을 열어 준다'는 사실을 발견했다. 그리고 더 수용적이고 창의적이 되도록 한다. 행복하면 가능성으로 충만해지고, 역경 앞에서 강해진다. 더 행복해지고, 세상에 더 많은 기여를 할 수 있게 된다.

놀이는 정신적, 신체적 건강을 알려주는 매우 민감한 척도다. 놀고 있는 아이는 일하고 있는 아이다. 꿈과 믿음은 지속적 놀이의 열매들이다. 놀이는 기쁨을 자아낸다. 놀이는 그 자체가 보상이다. 우리는 어린 시절에 놀이에서 몰입의 씨앗을 심는다.

아이들은 놀 때 가장 행복하다. 게임은 조직화된 놀이다. 놀이에는 놀라움의 요소가 있다. 예측할 수 없는 불확실성이 있다. 시작할 때는 대등하게 시작한다.

초·중·고등학생 80%, '학교체육·예술 활동 덕에 교우관계 좋아져'

인간이 가진 부정적 정서를 극복하고 소망을 충족시키는 힘은 놀이에 있다. 놀이는 아이의 본능이고 삶의 본질이며 발달을 위한 생존 무기다. 아이들은 놀이를 통해 인지·정서·사회성 발달의 근본을 세우게 되며, 그 어느 것도 이런 아이의 발달에서 놀이를 대체할 만한 것은 없다. 만약 아이에게 직업이 있다면 그것은 바로 '놀이'일 것이다(고

영성, 2016).

학교 체육·예술 활동에 참여하는 전국 초·중·고 학생의 80% 이상이 친구 관계가 좋아지고 폭력적 행동을 자제하게 되는 등 긍정적 변화를 느끼고 있는 것으로 조사됐다(조선일보, 2016. 2. 24).

교육부가 발표한 '2015년 학교체육·예술교육지원 사업만족도 조사'에 따르면, 학교 스포츠클럽 참여 학생의 86%가 '교우관계가 좋아졌다'고 답했고, '학교에 대한 자부심이 생겼다'(86%), '폭력적인 행동이 자제됐다'(81.8%)는 응답도 많았다. 또 대부분 학생은 인내심 향상(85.4%), 배려심 증진(84.6%), 자신감 증대(84.8%), 도전정신(86.2%) 등을 느꼈다고 답했다.

놀이는 아이들의 사회성뿐만 아니라 학습 능력에도 영향을 미친다. 예술 활동을 통해서도 창의성 신장(78.8%), 인성 함양(86.6%), 진로탐색(80.5%) 도움 등의 효과가 있다고 학생들은 대답했다. 놀이 선호도가 높은 부모의 아이들은 아이 스스로 평가한 자기주도성/학습주도성, 그리고 교사가 평가한 아이의 수업이해 및 참여도, 또래와의 관계, 일상생활에서의 자기주도성, 또래 주도성, 새로운 일에 대한 도전, 학업성취도 모두에서 더 높은 점수를 받았다.

연세대학교 아동가족학과 김명순 교수는 말했다. "오히려 놀이를 많이 한 아이들은 좀 어려운 문제가 생겨도 금방 포기하지 않고 달려듭니다. 즉 '내가 스스로 해봐야겠다'는 생각을 가지게 하는 힘이 길러집니다. 그래서 실제로 어려운 일에 부딪혔을 때는 놀이를 많이 한 아이들이 빛을 발하게 됩니다."

공부 스트레스에서 도피하고 싶은 아이들은 게임이나 스마트 폰 중독에 빠져들고 있다. 가상세계에서 자유와 즐거움을 맛보는 것이다. 아이들은 나이가 들수록 연합놀이와 협동놀이와 같이 좀 더 인지적 복합성이 높은 놀이를 하게 된다. 현실의 삶이 재미있고 즐거워야 한다. 놀이는 아이의 권리다. 아무리 부모라 해도 그 권리를 빼앗아서는 절대로 안 된다. 그런데 우리 자녀들이 이런 놀이를 못하니 행복할 시간이 없다.

초등생들의 장래희망은 대개 공무원, 교사, 연예인이다. 도전이나 모험을 선택하지 않는다.

놀이는 **자기조절 능력, 스트레스 대처 능력, 문제해결 능력** 등 사회적 능력을 키운다. 아이에게 놀이를 빼앗는 것은 세상을 배울 기회를 앗아가는 것이다.

몰입의 심리학(Csikszentmilalyi, 2004)

몰입이란 "직장이나 연구실에서 일을 하거나 여가 시간에 취미 생활을 할 때 시간 감각을 잃어버리고 식사와 취침도 잊고 긴장과 흥분으로 온통 한 가지 일에 흡수되는 심리적 집중 상태"를 의미한다. 즉 '한 활동에 너무 몰두해서 다른 아무것과도 상관이 없는 상태다.'

독서, 음악, 미술, 연극, 등산, 영화, 오디오, 문학, 자원봉사, 발명과 연구 등의 활동 중에서도 남을 위한 봉사, 희생과 헌신이 포함되는 활동이 최선의 몰입활동이 될 수 있다. 몰입은 flow를 번역한 말인데, 자연스런 흐름에 자신을 맡긴다는 의미가 담겨 있다. 흐르는 물은 앞을 다투지 않는다.

웃음은 늘 좋은 약이 된다. 웃음은 목욕과 같은 것이다. 웃음은 사람의 기분을 바꾸어 주고 육체에 낀 안개를 걷어 준다. 분명 웃음은 우울증의 특효약이다. 웃음은 질병과 죽음으로부터 구해 주는 마지막 비상구다. 웃음은 스트레스와 긴장, 우울함을 해소시켜 준다.

인성교육은 물 흐르듯 자연스럽게 이뤄져야 하는데, '인성교육 진흥법'을 제정하여 법적으로 의무화하는 지경에 이르렀다. 이 법은 2014년 12월 29일 여야 만장일치로 통과되었다. 인성교육 진흥법은 '건전하고 올바른 인성을 갖춘 국민을 육성'하는 데 목적을 두고 추구해야 할 핵심가치와 덕목으로 **예**(禮: 동기성), **효**(孝: 태도성), **정직**(성실), **책임, 존중, 배려, 소통, 협동** 등을 내세우고 있다.

이영숙이 주창하는 '한국형 12성품교육'은 '공감인지 능력과 분별력'의 균형과 조화를 추구한다. **공감인지 능력**이란 다른 사람의 기본적 정서, 즉 고통과 기쁨, 아픔과 슬픔에 공감하는 능력으로 동정이 아닌 타인에 대한 이해를 바탕으로 하여 정서적 충격을 감소시켜 주는 능력이다. 공감이란 다른 사람의 감정, 신념, 태도를 정확하게 포착하고, 정확하게 전달할 수 있는 능력을 말한다. 경청, 긍정적 태도, 기쁨, 배려, 감사, 순종의 6가지 가치로 이뤄져 있다.

분별력이란 "인간의 기본적 양심을 기초로 하여 선악을 구별하는 능력으로, 올바른 생활과 건강한 시민정신, 도덕적 행동을 위한 토대가 되는 덕목"이다(2010). 인내, 책임감, 절제, 창의성, 정직, 지혜의 6가지 가치로 구성된다.

주건성(2015)은 **봉사, 배려, 나눔, 협력, 타인존중, 갈등관리, 관계 지향성, 규칙 준수** 등이 인성의 핵심요소가 되어야 한다고 주장했다.

긍정심리학자 크리스토퍼 피터슨(Christopher Peterson)과 마틴 셀리그만(Martin Seligman)은 세계의 주요 종교와 철학자들이 제시하는 '성격 강점과 덕성'(Character Strengths and Virtiues)을 종합하여 6개 영역의 24개 강점과 덕성을 최종적으로 선별했다. 성격 강점은 6가지 덕성과 24가지 강점으로 이루어져 있다. 6개의 핵심덕목은 지혜, 자애, 용기, 절제, 정의, 초월이다. 마틴 셀리그만과 크리스토퍼 피터슨은 이를 상위 6개 덕성(the High Six)이라 부른다.

이 강점들(인성 특성)은 행복과 자아실현에 중요한 영향을 미치는 것들이다. 지혜와 지식을 제외한 강점들 즉, '감성적 강점들'(활력, 감사, 낙관성, 사랑 등)이 삶의 만족도(행복)와 상관관계가 높다.

영성은 인성의 기초다

인성의 내적 영역은 영성과 인성, 품성으로 눈에 보이지 않는 인간의 인성과 관련된 부분으로 0-12세까지 형성이 된다. 인성의 기초는 보이지 않는 영성에 있다. 이것은 종교적인 영역이다. 혹자는 신앙의 영역을 교육에서 빼버리고 싶은 마음이 있을 수도 있다. 그러나 인간은 영적인 존재이기 때문에 이 영역의 존재를 부인할 수 없다. 인성은 품성을 통해 내재된 본성이 밖으로 표현되는 것이다.

내적인 영역의 교육은 주로 가정에서 부모의 모범을 통해 이루어진다. 책으로 배우는 것보다 사람과의 만남, 그리고 모범을 통해 습득되는 과정으로 성격과 인성이 형성되는데 그것은 평생을 좌우한다. 8-12세는 부모뿐 아니라 교사와 친구를 통해서도 배우기에 성격과 인성 형성에 교사와 친구도 영향력을 미친다.

종교는 인간의 궁극적 관심사라 할 수 있다(Paul Tillich). 그리고 인성의 바탕은 영성이라 할 수 있다. 사람은 영적인 요소를 가장 핵심으로 한 신체와 감정 그리고 인지 요소를 소유하고 있으며, 사회·문화·제도·물리적 환경과의 상호관계 속에서 개인관리, 생산적인 활동, 여가와 같은 직업 활동을 통해 균형 잡힌 건강한 삶을 살아갈 수 있다(요삼 1장). 대학생들의 영성과 인성변화를 측정한 백석대학교 인성개발원(2016)에서는 성경말씀(마 13장; 눅 8장)에 근거하여 마음 밭을 다음과 같이 네 가지로 분류하였다.

(1) **길 가**: 길 가는 복음을 겸손히 들으나 귀한 것으로 여기지 않는다. 이는 다른 견고한 이론이 그들의 마음을 딱딱하게 만들어서 말씀을 들으나 믿음으로 받아들이지 못하는 마음을 뜻한다.

(2) **돌짝밭**: 돌짝밭은 복음으로 인해 고생과 희생을 할 때에 자기 안에 고통과 남의 비난, 부끄러움 등으로 믿음의 기쁨과 흥미를 잃어버린다. 또한 믿음의 확신과 용기, 견고함과 인내가 부족하여 각종 교리의 바람에 흔들리어 말씀을 빼앗기며, 영적 생활이 견고하지 못한 사람을 의미한다.

(3) **가시밭**: 가시밭은 돌밭에 뿌려진 말씀에 비해 성장과 발전이 유력하여 싹이 나고 줄기도 나온다. 그러나 주일은 종교인으로 평일은 일반인으로 이원화된 신앙생활을 하며, 기독교적인 문화관이 결핍된 삶으로 하나님의 계획에 따라 살아가지 못하는 사람을 의미한다.

(4) **옥토밭**: 옥토밭은 착하고 좋은 마음으로 말씀을 듣고 주 앞에 나아가서 성령으로 증거를 삼을 만한 경험을 한다. 즉, 말씀을 들

고 깨달으며, 지성·감성·의지의 전인격적으로 성령의 인치심과 통치를 받는다. 이는 영적으로 성장하는 자요, 믿음의 열매가 있는 사람이요, 하나님과 함께하는 하나님의 자녀다. 이들의 마음에는 씨앗 되시는 예수께서 적극적으로 활동하시며 말씀대로 30배, 60배, 100배의 열매를 맺는다.

토라는 유대인 교육의 뿌리다. 유대인은 학교공부가 아닌 토라와 토라를 풀이한 탈무드를 배우는 데 집중한다. 구약성경은 신학과 철학, 법과 역사, 문학을 모두 포함하고 있다. 성경을 공부하면 세상의 공부도 자연스럽게 이뤄진다. 우리가 보기에는 학교 공부가 부족하다고 생각할 수 있지만, 사실은 성경을 공부하면 자연스럽게 법률과 역사 그리고 사회, 문화, 문학의 기초를 섭렵하게 된다. 이 공부를 잘하면 학교에서 하는 공부는 저절로 이루어진다.

영성교육은 삶의 의미와 목적을 알게 하는 역할을 한다. 왜 살아야 하는지, 왜 공부를 해야 하는지를 알게 하는 교육이다. 유대인들은 고등학교에서도 오전에 토라와 탈무드 교육을 하고 오후 시간에 일반학과를 공부하는데, 대학에 들어가는 데 큰 문제가 없다. 그들은 학과 공부를 잘하는 비결이 곧 토라와 탈무드를 공부하는 것이라고 믿는다. 영성이 뒷받침된 교육이 장기적으로 회복 탄력성이 있다는 것은 미국 아이비리그 대학 진학률에서도 증명되고 있다.

유대인 학생들은 시간이 가면 갈수록 공부를 더 잘하게 된다. 뿐만 아니라 학교를 졸업하고 사회에 진출해서도 더 탁월한 능력을 발휘한다. 토라와 탈무드로 공부의 기초인 영성과 인성과 품성을 튼튼하게 무장했기 때문이다.

토라는 시대가 가도 변하지 않는 영원한 진리다. 여호와를 경외하는 것이 지식과 지혜의 근본이다. 여호와의 신 곧 지혜와 총명의 신이요 모략과 재능의 신이다(사 11:2). 풀은 마르고 꽃은 시드나 하나님의 말씀은 세세토록 있다. 토라를 읽으면서 인생의 본질이 무엇이며 어떻게 살아갈 것인가를 배운다. 말씀을 읽으면서 하나님과의 만남이 계속되며 새로운 통찰과 창의력이 생긴다. 영성은 인성의 뿌리로서 삶의 방향과 목적을 제공하는 역할을 한다고 할 수 있다.

유대인은 구약 39권만 읽는다. 그러나 우리에게는 신약 27권을 포함해 66권으로 된 신구약 성경이 있다. 구약의 토라를 제대로 해석하려면 신약은 필수다. 신구약의 가르침의 핵심은 '하나님을 사랑하고 이웃을 나 자신처럼 사랑하라'는 계명이다. 사랑이 없는 교육은 죽은 교육이다.

성경은 모든 인간에게 주어진 하나님의 사랑의 편지요, 모든 인간이 읽어야 할 보편적인 인생 교과서다. 자녀에게 먼저 성경을 읽게 하고 성경의 영양분을 마음에 담는다면 어떤 어려움이 닥쳐도 고난을 이기는 사람이 될 수 있다.

신앙심과 영성은 우리에게 사명의식과 동기를 부여하는 역할을 한다. 고통과 희생이 따름에도, 장학사업과 평생의 봉사활동 그리고 특정분야에 대한 연구활동, 도구의 발명, 약품의 개발, 문화예술 창작활동, 선교활동 등을 선택하도록 비전을 준 것은 영성이다. 비전은 직업을 통해 구현된다. 내게 딱 맞는 직업, 내 비전을 이룰 수 있는 직업을 찾아야 한다.

"여호와의 말씀이니라. 너희를 향한 나의 생각을 내가 아나니 평안이요 재앙이 아니니라 너희에게 미래와 희망을 주는 것이니라"(렘 29:11).

기독교신앙이 동기가 되어 주어지는 비전은 대개 다음과 같은 특징을 지닌다.

- 간절히 원하는 것이어야 한다.
- 내가 꼭 해야 한다는 사명의식이 느껴지는 것이어야 한다.
- 가치 있는 것이어야 한다.
- 남에게도 의미가 있어야 한다.
- 다른 사람의 가슴을 두근거리게 하는 것이어야 한다.

"목표를 달성하고자 하는 사람은 아무도 막을 수 없다. 모든 장애물은 목표 달성을 위해 힘과 기량을 키우는 과정일 뿐이다"(에릭 버터워스).

영성은 기도와 예배로 그 모습이 나타난다. 유대인은 인간이 아무리 노력해도 하나님이 도와주셔야 성공과 행복을 얻을 수 있다고 믿는다. 하나님이 복의 근원이라고 믿는다. 따라서 쉐마(신명기 6:4-9)는 유대인 신앙의 핵심이고 영성훈련의 기초가 된다. 부모는 자녀와 기도드

림으로 기도를 가르친다. 기도는 자신을 돌아보고 성찰하게 한다. 기도는 하나님과 나누는 영적인 대화다. 좋아하는 사람과 대화를 많이 하거나 자주 만나면 나도 모르게 상대방처럼 닮아간다. 어릴 때부터 아이에게 기도를 가르치고 기도를 생활화하면 나중에 좋은 인격과 성품의 소유자가 된다. 기도를 통해 우리는 위로와 힘을 얻고 지혜와 명철함을 갖게 된다. 자녀양육에서 기도하는 법을 가르치는 것은 인성과 영성교육에 아주 중요한 역할을 한다(이대희, 2015).

성품은 다른 사람이 보지 않을 때의 나의 모습이다. 셀리그만과 피터슨은 성격적 강점들 간의 관계를 분석하여 5개 요인을 추출하였다. ① 억제적 강점(겸손, 용서) ② 지적 강점(창의성, 호기심, 학구열) ③ 대인관계적 강점(친절, 사랑, 유머감각, 지도력) ④ 정서적 강점(용감성, 낙관성, 자기조절) ⑤ 신학적 강점(감사, 영성). 전세계적으로 가장 흔하게 보고되고 있는 강점은 친절성이며, 그 다음은 공정성, 진실성, 감사, 개방성이 뒤를 이었다.

Rise Up Korea에서 발간한 『예수님의 품성 닮기』(2014)에서는 우리가 개발해야 할 품성(성품)으로 **믿음, 경청, 순종, 진실**(정직), **감사, 충성, 존중과 배려, 근면, 인내, 지혜, 용서, 기쁨, 겸손, 청결, 용기, 절제, 평안, 성실, 섬김, 공의, 사랑**을 제시하고 있다.

학교폭력이 심해지자 인성교육범국민실천연합(인실련)이 창립되었으며, 인성교육은 인지적·정의적·사회적 요소 가운데, 정의적 영역에서는 **공감과 배려**를, 사회적 요소에는 **소통 능력**을 선정하여 인성교육의 비전으로 내세우기도 했다. 인간관계 덕목으로 **정직, 약속, 용서,**

책임, 배려, 소유를 제시하고, 인성 판단력 요소로 **도덕적 예민성과 판단력, 의사결정 능력, 행동실천력**을 포함하기도 했다.

2015년부터 한국교육에 의미 있는 변화기 일어나고 있다. 지식만을 강조하던 기존의 교육에서, 덕(德)을 함양하고 체(體)를 수양하며 지덕체(智德體)가 조화로운 사회적 인재를 길러내는 교육 패러다임의 전환이 급속히 진행되고 있다(안양욱, 2016).

2012년 현재 우리나라의 50여 개 대학교에서 앞으로 '인성 및 대인관계 평가항목'을 사용하겠다고 발표하면서 그 항목에 책임감과 성실성, 준법성, 자기주도성, 리더십, 협동심, 나눔과 배려 등을 포함하겠다고 밝혔다(최원호, 2016). 실력도 실력이지만 이왕이면 인성이 뛰어난 학생을 선발하겠다는 것이다. 주요 대학의 입시에서 인성 평가가 강화된다는 자체만으로도 새로운 교육의 패러다임 변화가 시작되었다고 할 수 있다.

신재인, Me Alone, 2016

5

지혜로운 부모, 건강한 자녀

부모 역할, 어떻게 해야 하는가?

부모와 안정 애착을 이루고 있는 아이들은 더 건강하고 새로운 일에 대해서도 자신감을 가지며, 힘든 상황에 직면하더라도 잘 대처할 수 있다.

독립적이고 끈질기게 문제를 해결하려 하며, 성취 지향적이다. 좌절했을 때 적극적으로 도움을 청하며, 마음의 평화를 찾으려 애쓴다.

수업시간에 집중하고, 규칙을 잘 지키기 때문에 교사들에게 예쁨을 받는다. 아이들에게 괴롭힘을 당하거나 남을 괴롭히는 경우가 적다. 학교에서 규율을 잘 따르며 충동적인 행동을 하는 경우가 적다.

"부모가 되는 것은 쉽다. 그러나 부모 노릇은 어렵다"는 말이 있다. 특히 현대 부모들은 옛날에 비해서 어머니, 아버지 역할을 하기가 더욱 어렵게 되었다. 부모교육의 대가 하임 기노트(Haim Ginott)는 일찍이 말한 적이 있다. "할아버지는 모든 일을 권위를 갖고 하였다. 그러나 우리는 무슨 일을 하든 망설이면서 한다. 실수를 할 때에도 할아버지는 확신을 갖고 하였다. 그러나 우리는 옳은 일을 할 때도 의심하며 행동한다."

들려오는 이야기에 의하면, 어떤 가정생활을 공부하던 대학원생이 '부모를 위한 십계명'(the Ten Commandments for Parenting)이라는 제목으로 강연을 시작했다고 한다. 결혼해 첫 아이를 낳은 후, 그는 '부모를 위한 7가지 원리'(Seven Principles for Parenting)로 제목을 바꾸었다고 한다. 두 명의 아이를 더 갖게 된 후에는 강의제목을 '부모를 위한 세 가지 제언'(Three Suggestions for Parenting)으로 다시 고쳤다고 한다. 또한 자녀가 자라 십대가 되자 강연을 아예 포기해 버렸다는 이야기가 전해진다.

부모의 인성교육은 엄마의 사랑에서 시작된다고 할 수 있다. 미소를 띠고 있는 아이만큼 사랑스런 존재는 없다. 사람들에게 가장 중독성이 강한 소리가 무엇인가? 바로 아이의 웃음소리라고 한다. 아이들의 이러한 사랑스러움 덕택에 힘겨운 육아 스트레스 속에서도 엄마는 아이와 강력한 애정 결속을 느끼게 된다. 이를 '애착'(attachment)이라고 한다. 엄마는 아이와 안정된 애착관계를 형성함으로 인성교육을 시작한다.

어머니는 어떻게 우리를 사랑하였는가?

어머니는 다섯 가지 방식으로 사랑을 가르쳤다.

1) 관심(concern)을 보이고 아이를 기억함으로 사랑을 가르쳤다: "여인이 어찌 그 젖 먹는 자식을 잊겠으며 자기 태에서 난 아들을 긍휼히 여기지 않겠느냐 그들은 혹시 잊을지라도 나는 너를 잊지 아니할 것이라"(사 49:15). 사랑은 선택적 관심으로 시작된다.

2) 눈 맞춤(eye contact)으로 사랑을 전달했다: 눈은 영혼의 창문이다. 아이는 눈을 통해 사랑을 마신다. 얼굴을 들여다보는 것이나 눈을 보며 사랑을 읽는다(시 22:9-10). 눈을 마주 본다는 것은 누군가에게 관심을 받고 있다는 사실을 의미하며, 이를 통해 사람은 긍정적인 감정을 경험하게 된다.

3) 신체 접촉(touch)을 통해 사랑을 확인한다: 머리를 쓰다듬으며, 손을 만지며 등. "사람들이 어린아이들을 예수께 데리고 와서 쓰다듬어(만져) 주시기를 바랐다. 그런데 제자들이 그들을 꾸짖었다. 그러나 예수께서는 어린이들을 껴안으시고, 그들에게 손을 얹어서 안수하시고 축복해 주셨다"(막 10:13, 16). 사람은 젖만으로는 살 수 없다. 엄마의 빈번하고도 친밀한 만져 줌, 즉 '사회적 관계'가 배고픔을 해결하는 것보다 가장 중요한 요소임이 드러났다.

4) 목소리 음조(tone of voice)를 통해서 사랑을 주고받는다: 영아와 유아들은 엄마가 말하는 억양에 맞춰서 옹알이를 한다. 자궁 안의 태아

들조차도 바깥 세상에서 들려오는 말소리에 맞춰 몸을 움직인다. "엄마가 너를 사랑하는 거 알지? 난 지금 바쁘거든?" 등. 아기는 목소리나 음성 톤으로 메시지를 받아들이며 사랑을 구분한다.

5) 양육과 돌봄(nurturing: caring)을 통해 사랑을 전달한다: "너희가 젖을 빠는 것같이 그 위로하는 품에서 만족하겠고 젖을 넉넉히 빤 것같이 그 영광의 풍성함을 인하여 즐거워하리라. 어미가 자식을 위로함같이 내가 너희를 위로할 것인즉…"(사 66:11, 13). 양육은 상대방의 성장을 위해 필요를 채워 주는 모든 행위를 일컫는다.

자녀는 애착 행동을 통해 사랑을 배운다

우리는 부모와의 애착관계를 통해 사랑을 배운다. 받고 보고 듣고 책을 읽고 배운다. 사랑은 배워야 하는 기술이다. 양육적 사랑을 받으면서 우리의 성품은 새롭게 변화될 수 있다.

부모자식 관계가 아이의 평생 성격을 결정한다. 애착은 사랑하는 돌봄 제공자와 관계를 맺고 유지하는 것, 신뢰관계를 형성하는 것이다. 돌봄을 받고자 하는 본능이 애착을 활성화한다.

애착은 뇌간, 변연계, 대뇌피질 등 뇌의 세 가지 기본 영역을 기반으로 부모와의 상호 작용을 통해 형성된다. 아이의 뇌는 생후부터 급격히 발달해서 열 살 무렵에는 성인의 크기에 이를 만큼 성장하고, 그 후에도 스물다섯 살 정도까지 서서히 성숙해 간다.

어린이가 정상적으로 성장하기 위해서는 사랑이 필요하다. 어린이에게는 어머니가 필요하다. 다른 사람들과 친밀한 애착관계를 맺는 것은 유아기나 아동기뿐만 아니라 청소년기, 장년기, 그리고 노년기에 이르기까지 우리의 전 생애를 통해 삶의 중심점 역할을 한다. 이런 애착관계를 통해 삶에 필요한 힘과 기쁨을 맛보게 되고, 그가 공헌하는 바를 통해 남에게도 힘과 기쁨을 줄 수 있다. 애착관계에 대한 사실이야말로 현대과학과 전통적 지혜가 의견의 일치를 이루는 문제다.

애착이론은 안전(safety)과 탐색(exploration & play)이라는 두 가지 목표가 어린이의 행동을 인도한다고 전제한다. 완전한 사랑이 두려움을 내어쫓는다(요일 4:18).

안정된 아기가 더 행복하고 더 잘 적응되어 있는 것처럼, 안정된 성인은 더 행복하고 장기적인 관계를 누리며 더 낮은 이혼율을 보여 준다. 연결감에 대한 욕구는 우리 모두가 경험하는 기본적이고 본능적인 욕구다. 창조주 하나님은 우리가 친밀감을 경험할 때 옥시토신(oxytocin) 호르몬이 분비되도록 배려했다. 이것은 아기가 어머니 품에서 젖을 먹을 때 분비되는 신경전달 물질이다.

가까운 사람들이나 식구들이 나를 사랑해 주고, 인정해 주고, 용기를 준다는 것을 느끼도록 하는 사회적 지지가 건강과 행복을 증진시키는 데 큰 도움이 된다. 어린 시절의 애착 경험은 네 가지 행동을 형성하는 데 절대적인 영향을 미친다.

(1) 안정된 애착(secure attachment): 민감성, 반응성(행동으로), 일관성으로 나타난다.

한마디로 엄마가 아이의 욕구에 민감하게 반응하고, 긍정적인 태도로 상호 작용하며, 풍부한 자극과 정서적 지지를 계속 주면, 아이는 엄마와 안정적인 애착 관계를 형성할 수 있다. 혼자 있어도 같이 있어도 마음이 편한 사람, 나에게도 다른 사람에게도 긍정적인 태도를 가진 사람은 충분히 좋은 부모가 된다.

속상한 적이 많았지만 본인의 각고의 노력으로 자신의 성격의 단점을 보완한 획득형 안정형이 있고, 부여된 안정형이 있다.

아이 입장에서 느낌과 생각을 이해하고 공감하며 반응한다. 모든 아이는 따뜻한 보살핌과 이해가 필요하다. "재미있구나, 속상하구나, 기분이 좋구나, 화가 났구나."

이런 부모 밑에서 성장한 학생은 말한다. "저는 혼자서도 편안하게 공부에 집중을 잘해요. 물론 다른 사람들과 어울리는 것도 좋아해서 누군가와 함께 일하는 것도 두렵지 않아요."

(2) 불안 – 회피형 애착(dismissive anxious attachment): 무시형, 불안 – 회피형. 나에 대해 긍정적이지만 타인에게는 부정적인 생각을 갖고 있는 유형이다.

"저는 혼자 있는 것이 편해요. 다른 사람과 섞이는 것이 부담스럽고, 혼자 있을 때 오히려 에너지를 얻는 편이에요." 대화를 빨리 끝내려 하고 비난을 듣기 싫어한다.

부모가 자기 생각이나 일에 빠져서 아이의 요구에 무관심하다. "네가 알아서 해. 왜 귀찮게 굴어!"

물리적으로 정신적으로 부모가 없었던 경우, 공감 능력이 떨어지는 부모, 심하게 간섭하고 귀찮게 하는 부모: 자녀에게 잔소리가 심하며 통제가 심하다. 자녀를 무시하고 거부한다. 아이는 불안하고 좌절감과 분노를 느끼기 쉽다. 자신의 감정을 억압하고 속인다.

(3) 불안 – 집착형 애착(distracted attachment): 나에게 부정적이지만 타인에게는 긍정적인 생각을 갖고 있는 유형. 대인관계에 집착하며, 남에게 지나치게 의존한다. 혼자 있을 때는 긴장과 불안으로 분노를 느낀다.

"저는 혼자 있으면 몹시 불안하고 버려진 느낌이 들어요. 그래서 다른 사람들과 함께 있어야 마음이 편안해져요. 혼자 있는 것이 두려워요."

이랬다저랬다 하는 부모가 떼쓰는 아이를 만든다. 아이를 밀어냈다가 미안해서 지나치게 잘해 주기를 반복한다. 이런 가정에서 자란 아이는 감정을 과도하게 표출한다. 모든 일을 감정적으로 처리하려 한다. 조르면 문제가 해결되기 때문에 미움과 좋음, 의심과 집착이 극단적으로 교차된다.

강압적인 원칙을 아이에게 강요하면서 협박하는 부모. "너 엄마가 시키는 대로 안 하면, 엄마는 이 자리에서 죽어 버릴 거야. 말 안 들으면 죽여 버린다." 다른 사람에게 의존하기 때문에 쉽게 관계를 맺고, 한 번 관계를 맺으면 집착한다. 떨어지는 것을 고통스러워한다.

(4) 불안 – 혼란형 애착(disorganized attachment): 나에게도 타인에게도 부정적인 생각을 갖고 있는 유형. 나 자신을 못 마땅하게 여기고 다른 사람을 무서워한다.

"저는 혼자 있어도 불안하고 다른 사람과 너무 가까워져도 힘들어요. 사람들과 가까워지면 내 영역을 너무 많이 침범하게 될 것 같아서 가까이 가기 힘들어요. 그렇다고 혼자 있으면 버림받은 느낌이 들어서 불안해지고요."

훌륭한 부모가 되려면

자녀를 사랑한다는 것은 무엇을 어떻게 하는 것인가? 체벌해도 되는가? 주의 교양과 훈계를 양육한다는 것은 무엇을 의미하는가? 아들과 딸은 어떻게 양육해야 하는가? 학습이론, 발달심리, 부모 역할에 대한 성경의 가르침을 종합해 현대를 사는 부모들이 따를 수 있는 몇 가지 기초적인 지침과 원리를 제시하고자 한다.

첫째, 훌륭한 부모는(온전한 성인이 되기 전까지의) **어린아이의 자연적 특성을 이해한다**(Mellody, Miller & MIller, 1989).

① 아이들은 소중하다. 아이들은 부모들이 자신에게 갖는 존중감을 그대로 받아들인다. 이것이 바로 자아존중감의 기반이 되면서 자신이 소중하다는 것을 깨닫는다(성숙한 어른은 내면으로부터의 자존감을 갖고 있다).

② 아이들은 상처받기 쉽다. 이들은 아직 충분한 경계 시스템을 개발하지 못한 상태이기 때문에 부모에게서 신체적·성적·정서적·지적, 영적 영역에서 보호가 필요하다. 부모는 자녀의 신체, 생각, 감정, 행동을 존중해 주어야 한다.(어른은 상처받기 쉽지만 기능적 경계를 통해 스스로를 보호할

기능을 소유하고 있다).

③ 아이들은 불완전하다. 이들은 배우고 자라면서 항상 실수하기 마련이다. 기능적인 가정에서는 "모든 사람은 불완전하다"는 사실을 인정한다(불완전에 대해 책임감을 갖고 있으면 하나님에게 도움을 청할 수 있다).

④ 아이들은 의존적이다. 그래서 누군가가 필요하다. 이들은 신체적 양육, 정서적 양육이 필요하다. 성에 대한 올바른 지식도 알아야 한다. 시간관리와 재정관리에 대한 훈련도 필요하다(상호의존적이며 필요를 적당하게 채울 수 있는 능력을 소유하고 있다).

⑤ 아이들은 미성숙하다. 부모들은 아이들에게 화를 내기 전에 한 번 생각하여야 할 것이다. 그것이 미성숙에서 오는 실수인가, 아니면 의도적인 것인가? 화를 내기 전에 인내하고 주의 훈계로 그들의 발달을 도와야 할 것(엡 6:4)이다(자신의 연령에 맞게 성숙한다).

둘째, 훌륭한 부모 역할은 완전을 요구하지 않는다.

때때로 가정이 갈등과 슬픔, 긴장, 상처, 죄악 등의 온상지가 되는 것이 현실이다. 부모는 학교숙제나 형제들끼리의 싸움, 잘못된 식사예절, 불순종, 대화 단절 등에 어쩔 수 없이 직면하게 된다. 때때로 부모와 자녀는 자신의 감정을 폭발시킬 수 있지만, 부모는 용서를 구하거나 자녀를 용서할 수 있다. 부모 자녀관계는 용서와 은혜, 인내와 이해, 사랑으로 다져질 수 있는 것이다. 부모 역할의 궁극적인 모형은 늘 오래 참고 용서하시는 하나님 아버지에게서 그 모델을 찾을 수 있다.

셋째, 훌륭한 부모의 영향력이라도 제한을 받는다.

부모가 자녀의 행동에 책임의식을 가져야 하지만, 그 영향력은 제한을 받는다. 성경은 "마땅히 행할 길을 아이에게 가르치라. 그리하면 늙어서도 그것을 떠나지 아니하리라"(잠 22:6)고 가르친다. '마땅히 행할 길'을 '자녀의 특성과 성격에 따라' 자녀를 대하라는 말씀으로 해석하기도 한다. 구약의 율법조차도 부모의 노력에도 불구하고 젊은이의 반항이 있을 수 있다는 것을 인정하고 있다. 그러나 돌에 맞아 죽임을 당하는 것은 부모가 아니라 부모의 뜻을 거스르는 젊은이다(신 21:18-21). 부모의 영향을 너무 지나치게 강조하는 것은 부모의 머릿속에 필요 이상의 죄의식을 쌓아가도록 만들 수 있다.

넷째, 훌륭한 부모 역할은 좋은 관계를 맺는 것이다. 가정은 따뜻하고 솔직하며 애정이 넘치는 관계로 이뤄져야 한다. 가장 좋은 관계는 친밀하면서도 자신을 드러낼 수 있는 관계다. 성경은 훈육과 애정(사랑)이 서로 배타적이지 않다는 것을 보여 주고 있다. "주께서 그 사랑하시는 자를 징계하시고"(히 12:6). 아이의 출생으로 새롭게 부모가 된 부부들은 안정적인 유대를 형성하는 데 어려움을 겪는다. 부모는 특히 아이가 12세가 되기 이전에 밥상머리 대화와 자주 놀아 줌으로써 자녀와 안정형 애착관계를 형성할 수 있다.

다섯째, 훌륭한 부모 역할은 자녀에게 높은 자존감(self-esteem)과 건강한 자아개념을 심어 준다. 사람은 누구나 자기 자신에 대한 생각과 신념을 갖고 있다. 나는 나를 어떤 사람이라고 생각하는가? 이를 우리는 자아개념(self-concept)이라고 한다. 자아개념은 자기 존중감(자긍심,

자부심)의 기초가 되며 생각과 행동에 영향을 미치는 매우 중요한 심리적 요인이다.

남이 나를 어떻게 생각하느냐보다 중요한 것은 '내가 나를 어떻게 생각하느냐'다. 그런데 내가 나를 어떻게 생각하느냐 하는 것은 부모가 나를 어떻게 생각하고 대우하느냐에 의해 결정된다는 것이다.

자존감은 자신이 가치 있는 존재라고 느낄 때 경험되는 긍정적인 감정이다. 자존감을 가진 사람은 자신을 능력 있고, 존재 가치가 있으며, 믿을 만하다고 생각한다. 사람은 자신의 성취와 업적을 스스로 긍정적으로 평가할 때, 그리고 다른 사람이 자신에 대해 애정과 인정을 나타낼 때 자기 긍정을 느낀다.

열등감은 만성적으로 낮은 자존감이다. 열등감이란 자신이 상대적으로 가치가 없는 존재라고 느낄 때 경험한다. 자존감이 낮은 사람은 자신을 무능하고 무가치하다고 생각하기 쉬우며, 자신을 불신하는 경향이 있다. 타인의 시선을 지나치게 의식하고 타인의 평가에 민감해지며, 그들로부터 거절당할까 봐 두려워한다. 현실과 미래에 대해 절망적으로 해석하기 때문에 항상 우울하고 실패를 선택하기 쉽다.

우리 아이들은 행복한가? 낮은 자존감으로 자살충동을 느끼는 초등학생이 25.9%나 되었다. 아동(11-15세)의 행복지수를 분석한 결과 우리나라는 60.3점으로 30개국 중 최하위였다. 과도한 학업스트레스가 아이들의 마음을 부서뜨리고 때로 사지로 몰고 있다. 우리나라는 "학교에서 행복하다"고 응답한 학생의 비율이 조사대상 64개국 중에서 가장 낮은 것으로 나타났다. 놀이는 아이들에게 직업이자 권리이며 본능이자 삶의 본질 같은 것이다. 그런데 이런 놀이를 못하니 행복할 시간이 없다.

OECD회원국 20개를 조사한 결과, 우리나라는 아이가 부모와 함께 보내는 시간에 대한 질문에서 역시나 압도적 꼴찌를 기록했다. 여기서 함께 보내는 시간이란 대화하고 책을 읽어주고 다양한 교육활동을 하며 함께 놀이를 하는 시간을 말한다. OECD 평균은 2시간 30분인데, 우리나라 부모는 아이들과 함께 보내는 시간이 한 시간도 되지 않는다.

지금 당신의 아이는 행복한가? 당신은 부모로서 어떻게 아이의 행복도를 높일 수 있는가?

"사랑하고 사랑받고 싶은 욕구와 자신과 타인에게 가치 있다고 느끼고 싶은 욕구는 인간의 행동동기의 두 가지 원천이다"(William Glasser). 인간에게는 안정감에 대한 욕구와 중요성에 대한 기본적 욕구가 있다(Larry Crabb).

우리는 자녀를 신체적으로 학대하거나, 심리적으로 학대하거나(조건부 사랑, 지나친 기대, 다른 사람과 비교, 자녀를 통해 자신의 좌절된 꿈을 실현), 과보호하거나 부모의 잘못을 시인하지 아니함으로 자녀를 노엽게 할 수 있다. 신체적 결함과 무관심(방치)과 지나친 관심(과잉보호)이 열등감의 원인이 된다(Alfred Adler).

자존감이 낮고 열등감이 많은 부모는 다음과 같이 자녀를 무시하는 발언을 많이 한다.

"학교 늦겠다. 안 일어날래. 밥 안 먹니?"

"공부 좀 해라. 텔레비전만 보면 어떻게 해. 숙제 안하니?"

"일어나라, 먹어라. 해라, 무조건 하지 말라."

"내가 어쩌다 너를 낳아서 이 고생인지 모르겠다"(18%).

"어디 한구석이라도 맘에 드는 데가 있어야 말이지"(27%).

"멍청한 녀석"(37%).

"내가 너만할 때 이보다 더 어려운 환경에서도…"(65%).

"등신, 머저리, 원수야… 너는 누구를 닮아서 그 모양이니?"(28%)

"너 때문에 지겨워 못살겠다"(36%).

"너는 왜 아무개처럼 못하니. 아무개 반만큼만 따라해 봐라"(28%).

"내가 무슨 낙을 보려고 이러는지 모르겠다"(16%).

"네까짓 게 뭘 한다고, 당장 썩 꺼져 버려! 이 나쁜 자식아"(17%).

"어째 잠시 말썽 없이 잘한다 싶더니…. 네가 제대로 하는 게 뭐 있
냐? 네가 하는 짓이 다 그렇지 뭐"(15%).

훌륭한 부모 역할은 자녀가 자신을 좋아하고 스스로 가치 있다고
생각하도록 만든다. 찰스 스윈돌(Charles Swindoll) 목사는 부모가 자녀에
게 물려 줄 수 있는 가장 좋은 유산은 먼저 자녀가 하나님과 의미 있
는 인격적 관계를 맺을 수 있도록 도와주는 것이고, 두 번째는 자녀에

게 높은 자존감을 심어 주는 것이라고 했다. 긍정적 자아개념은 자신에 대해 좋은 감정을 느끼게 하고 좋은 행동의 토대가 된다. 바울은 부모에게 자녀를 "노엽게 하거나 격노케 하지 말라"(골 3:21, 엡 6:4)고 주의를 주고 있다. 낙심한 자녀는 움츠러들거나, 반항하거나, 현실을 도피하여 게임중독자, 알코올 중독자가 되거나 비행 청소년이 되기 쉽다. 좋은 부모는 자녀에게 높은 자존감과 자신감을 심어 준다. 부모는 어떻게 자녀의 자존감을 높일 수 있는가?

① 무조건적으로 자녀를 사랑하라. 출생 순서나 성별을 가리지 말고 무조건적 사랑을 보여 주도록 하라. 그리고 부부가 행복하게 사는 모습을 보여 주어야 한다. 부모의 사랑은 아이를 강하게 하고, 면역력을 증가시키고, 역경을 극복할 회복탄력성을 강화시킨다.

② 자녀를 아낌없이 칭찬해 주라. 다른 사람 앞에서 칭찬하면 더 효과가 있다.

③ 자녀에게 너무 높은 기대를 하지 말고 현실적인 기대를 가져라.

④ 열등감을 보상할 수 있는 기술을 발견하도록 도와주라. 강점 지능을 개발하도록 하여 열등감을 보상하도록 유도하라. 적어도 한 가지는 잘할 수 있다는 자신감을 키워 주도록 하라.

⑤ 생각과 감정을 인정해 줌으로 아이의 자존감을 높여줄 수 있다. 아이의 감정을 묵살하거나 축소하지 말고 공감하고 코칭(선도)하는 부모가 되라. 가족회의를 통해 감정 처리를 하게 도와주는 것도 긍정적 자아상을 심어 주는 하나의 방법이다.

⑥ 다른 사람과 비교하지 않는다. 행복의 최대의 적은 비교다.

⑦ 자기가 좋아하는 일에 성공하는 경험을 자주하게 도와주라. 성공하는 경험을 자주하게 되면 효능감과 자신감이 생긴다.

⑧ 가정예배를 드릴 때 또는 기도할 때 자녀의 장점을 하나님 앞에 열거하라. 사람은 믿어 주고 축복하는 대로 된다.

⑨ 아빠가 놀아 주어야 한다. 아빠가 아이와 신체놀이에 몰입할 때, 아이의 뇌는 행동을 조절하는 방법을 배운다. "이이와 하루에 5분만 놀아주라. 규칙은 아이들에게 100% 주의를 쏟는 것이다. 전화도 받지 않고 가르치려 들지 말고 아이들에게 주도권을 주어야 한다. 그저 아이들을 즐겁게 해주라." 학대하는 부모를 변화시킨 핵심 키워드는 '놀이'였다.

여섯째, 훌륭한 부모 역할은 훈계를 통해 자녀에게 자기 절제(self-discipline)**와 자기 조절 능력을 키워 준다.** 좋은 부모는 자녀가 스스로 내면세계를 조절할 수 있도록 가르친다. 자녀는 결국 부모에게서 독립하여 스스로 책임지며, 사회에서 스스로 자기 역할을 감당할 수 있도록 교육받아야 한다. 자기 절제력은 즉각적인 만족을 지연시키는 능력으로 어린 시절부터 훈련을 통해 개발할 수 있는 것이다.

욕구 충족을 지연하는 것이 왜 중요한가? "나중에 보다 큰 보상을 얻기 위해 당장의 욕구 충족을 미루었던 아이들은 성장하면서 훨씬 긍정적인 인격적 자질을 가진 성인이 된 것으로 드러났다. 우리는 언어를 배울 수 있는 능력이 있는 것과 마찬가지로 자제하기를 배울 수 있는 능력이 있다"(Meir Statman).

훈계(징계, 꾸지람, 채찍질)와 체벌(매를 드는 일)이 부모가 자녀를 훈육하는 방법으로 정당하거나 적절한가에 대해서도 논란이 존재한다. 이 논의의 출발점은 잠언에 거듭 언급된 징계의 '매'다. 잠언에 제시된 매는 크게 세 가지 목적을 수행한다. ① 매는 부모의 사랑에 기초하여 자녀를 훈육하는 수단이다(잠 13:24). ② 매는 어리석음을 없애고 지혜를 전수하는 방법이다(잠 22:15, 29:15). ③ 매는 자녀의 구원에 도움이 될 수 있다(잠 23:13-14). 잠언에 언급된 '매'는 또한 미련한 자들을 징계하거나 벌하는 수단이기도 하다(잠 10:13, 14:3, 22:8, 26:3).

유엔 아동인권위원회는 국가들을 상대로 자녀의 체벌을 법으로 금하지 않으면 비난과 공적 비판에 직면할 거라며 압력의 수위를 높이고 있다. 그동안 자녀 양육에 체벌을 금해야 한다는 주장의 근거는 크게 세 가지였다. ① 자녀에게 매를 드는 것은 신체적 학대와 같다. ② 체벌은 구시대의 산물이며 심리적으로 해롭다. ③ 자녀와 훈육에 대한 구약과 신약의 관점 사이에 불연속성이 있으며, 체벌을 명한 구약이 이제 신약으로 대체되었다.

첫째로, 체벌이 학대와 같다는 주장은 외상을 부르는 아동학대에 대한 의식이 제고된 결과다. 아동인권의 문제가 논의의 전면에 부상한 것은 1979년을 '국제 아동의 해'로 선언하면서부터였다.

우리나라에는 아동학대가 만연해 있다. 학교에서도 체벌금지법이 제정돼 시행되고 있다.

체벌과 신체적 학대의 구분은 체벌 반대론자들이 자주 동원하는 수사학의 결과로 더욱 흐려졌다. 손찌검과 구타와 잔인함 같은 단어들이 매나 회초리를 몰아내고 있다. "성폭행과 가정 폭력의 80퍼센트는 알코올 중독자 가정에서 발생하지만, 이 두 가지 학대가 그 다음으로 가장 높게 발생하는 곳은 매우 종교적인 멀쩡한 가정이다"라며 체벌이 신체적 학대와 같다는 개념을 퍼뜨린다.

앨리스 밀러(Alice Miller)는 체벌이 심각한 심리적 외상을 유발한다고 주장한다. 연구 결과에 따르면 "외상을 입고 방치된 아동들은 감정을 조절하는 뇌 부위가 최고 30퍼센트까지 심각한 상해를 입은 것으로 확인되었다." 그녀는 히틀러와 그를 추종한 나치들도 아동기에 당한 체벌의 부산물이라는 식으로 말했고, 또 감옥에 있는 미국인의 90퍼센트가 아동 학대를 당했다면서 체벌 때문에 아이들이 커서 범죄자가 된다고 암시했다. 요컨대 과거에는 부모들이 자녀를 때렸을 수 있으나 현대 사회가 그 후로 터득했듯이 체벌은 자녀에게 심각한 외상을 남긴다는 것이다.

마지막 주장은 "자녀와 훈육에 대한 신구약의 관점 사이에 불연속성이 있으며, 체벌을 명한 구약이 신약으로 대체되었다"는 것이다. 예수께서 아이들을 사랑으로 받아 주심으로써 아이들을 보는 새로운 틀을 제시하셨다고 보았다. 아이들을 관리 대상인 재산으로 간주해서는 안 되며 "그리스도의 아이들에게는 인격체로서의 권리와 독립과 책임이 부여되어야 한다." 그리스도는 아이들의 위상을 높여 주셨을

뿐 아니라 체벌의 개념까지도 폐기하셨으며, 따라서 부모들은 하나님의 창조 사역의 역사적 발전을 인식해야 한다는 것이다.

과연 부모들은 체벌을 시행해야 하는가? 오늘날 체벌을 비판하는 사람들은 대개 과장된 말과 선동적 수사학을 동원한다. 하지만 학대로 번진 극단적 사례들을 내세운다 해서 그것이 체벌이라는 훈육 방법을 버려야 한다는 정당한 근거는 못 된다. 아이들은 잘못된 행동의 결과를 배울 필요가 있으며, 체벌은 그 교훈을 가르치는 유용한 방법일 수 있다. 다만 부모들은 자녀의 독특한 성격과 기질을 고려해야 하며, 아이에 따라 다른 종류의 긍정적 또는 부정적 결과와 강화(예. 타임아웃, 보상, 특권의 박탈 등)에 더 잘 반응할 수도 있음을 인식해야 한다.

① 일반 원리로 모든 자녀에게는 어떤 형태로든 훈육이 필요하다(단, 모두에게 체벌이 꼭 필요한 것은 아니다). 지혜로운 부모는 최소한의 처벌로 부적절한 행동을 억제한다.

② 지혜로운 부모는 부적절한 행동을 다룰 때 여러 단계의 훈육을 활용하며, 행동이 억제될 때까지 훈육의 수위를 높인다. 논리적 설명이나 나이에 맞는 징계도 거기에 포함되며, 모든 훈육은 일관되게 정성들여 시행되어야 한다.

③ 지혜로운 부모는 다양한 방법으로 적절한 행동을 장려한다. 죄의 결과에 대한 부정적 사례를 들려줄 수도 있고, 적절한 행동 지침을 정하여 알려줄 수도 있다. 또 그들은 직접적인 본보기의 위력을 알기에 자신의 삶에서 적절한 행동에 솔선하려 애쓴다.

④ 지혜로운 부모는 자녀가 가장 잘되기를 바라는 마음에서 분노가 아닌 사랑으로 훈육한다.

⑤ 지혜로운 부모는 하나님이 정해 주신 훈육의 한계선을 인식하고, 특정한 형태들의 징계는 교회나 정부나 하나님의 시행에 맡긴다.

자녀 양육과 훈육은 그리스도인 부모들의 깊은 지혜를 요하는 도전적인 일이다. 결국 부모는 자녀의 삶 속에 쓰이는 하나님의 도구다. 하나님의 일시적 대행자로서 아들딸을 훈련시키는 것이다. 자녀에게 마땅히 행할 길을 가르치면 그들이 늙어도 그것을 떠나지 않을 것이다(잠 22:6). 히브리서 저자도 잠언 3장 11-12절을 인용하여 독자들에게 이렇게 상기시킨다.

"일렀으되 내 아들아, 주의 징계하심을 경히 여기지 말며 그에게 꾸지람을 받을 때에 낙심하지 말라. 주께서 그 사랑하시는 자를 징계하시고 그가 받아들이시는 아들마다 채찍질하심이라 하였으니 너희가 참음은 징계를 받기 위함이라. 하나님이 아들과 같이 너희를 대우하시나니 어찌 아버지가 징계하지 않는 아들이 있으리요. 징계는 다 받는 것이거늘 너희에게 없으면 사생자요 친아들이 아니니라. 또 우리 육신의 아버지가 우리를 징계하여도 공경하였거든 하물며 모든 영의 아버지께 더욱 복종하며 살려 하지 않겠느냐. 그들은 잠시 자기의 뜻대로 우리를 징계하였거니와 오직 하나님은 우리의 유익을 위하여 그의 거룩하심에 참여하게 하시느니라. 무릇 징계가 당시에는 즐거워 보이지 않고 슬퍼 보이나 후에 그로 말미암아 연단받은 자들은 의와 평강의 열매를 맺느니라"(히 12:5-11).

부모의 훈육 원리

현대 사회에서 자녀를 양육하는 데 있어서 중요한 이슈 가운데 하나는 훈육(징계)에 관한 것이다. 부모를 위한 자녀 훈육의 실제적 원리를 몇 가지 제시하고자 한다. 이 주제에 대한 많은 방법론 서적이 공식을 내놓지만 자녀 양육은 어떤 공식으로 축소될 수 없다. 그래도 성경에 훈육을 시행하는 중요한 지침과 교훈이 나와 있는 것만은 분명하다.

① 훈육이 효과를 내려면 **일관성**이 있어야 한다. 자녀는 무엇이 옳고 그른 행동인지 알아야 한다. 또한 옳고 그른 행동에 각각 상과 벌이 따른다는 것과 그것이 이랬다저랬다 하지 않고 예측 가능하고 일정하게 시행되리라는 것도 알아야 한다.

② 훈육은 **나이에 맞아야** 한다(눅 2:51-52). 분명한 예로 나이가 든 자녀에게는 회초리가 별로 효과가 없을 수도 있다. 자녀의 나이가 들수록, 왜 특정한 행동이 용납될 수 없으며 왜 특정한 형태의 벌을 택했는지 자녀에게 논리적으로 설명해 주는 것이 중요하다.

③ 훈육은 '**공평함과 공정함**'이라는 성경의 보편적 원리에 충실해야 한다. 예컨대 벌의 수위가 **잘못의 경중과 맞아야 한다**. 벌이 지나치게 엄하면 아이를 노엽게 할 뿐 아니라 교정의 효과도 내기 어렵다. 반대로 벌이 너무 느슨하면 부모의 훈육이 진지하지 못하다는 메시

지가 전해진다. 아울러 공평함에는 이런 의미도 있다. 부모는 특정한 벌을 결정하기 전에 아이에게 그 상황에 대한 아이의 관점을 제시할 기회를 주어야 한다. 그렇지 않으면 아이가 훈육을 공평한 것으로 받아들이지 않아 나중에 낙심하고 노엽게 될 수 있다(골 3:21).

④ **각 아이에 맞게** 훈육해야 한다(하나님이 아이마다 독특하게 지으시고 개성을 주셨기 때문이다). 훈육의 목적은 아이에게 앞으로 잘못된 행동과 태도를 삼가게 하고 올바른 태도와 행실을 장려하는 것이다. 그 목적에 비추어 볼 때 한 아이에게 잘 통하는 방법이 다른 아이에게는 그만큼 통하지 않을 수 있다. 독서를 즐기지 않는 아이에게 독서 시간의 제한은 진짜 벌로 느껴지지 않을 것이다. 아이마다 다 다르다. 그리고 훈육은 아이와 친한 사람이 할 때 효과가 있다.

⑤ 훈육을 시행할 때는 **분노로 홧김에 하지 말고 사랑으로** 해야 한다(참조. 엡 6:4, 골 3:21). 부모는 자녀의 불순종을 감정적으로 받아들일 게 아니라 자녀가 가장 잘되기를 바라는 마음으로 행동해야 한다. 부모는 하나님의 도구로 자녀를 도와 순종을 배우게 해야 한다. 순종은 하나님이 온 우주에 짜 넣으신 원리 중 하나다.

⑥ 훈육은 **미래 지향적으로 앞을 내다보아야** 한다. 가장 중요한 목적은 당장의 복종이 아니라(그것도 바람직하지만) 장기적으로 자녀가 성숙하고 책임감 있는 그리스도인 성인으로 자라가는 것이다. 우리는 "마땅히 행할 길을 아이에게 가르쳐야" 하며 그러면 자녀가 "늙어도 그것을 떠나지 아니"할 것이다(잠 22:6). "무릇 징계가 당시에는 즐거워 보

이지 않고 슬퍼 보이나 후에 그로 말미암아 연단받은 자들은 의와 평강의 열매를 맺느니라"(히 12:11).

⑦ 마지막으로(더 계속할 수도 있지만), 훈육은 **부모와 자녀의 관계의 일부가 되어야 한다.** 그 관계가 모든 일시적 훈육 방법보다 더 크고 영속적이다. 훈육을 상벌 체계를 통한 행동 수정으로 제한하면 단기적으로는 효과가 있을지 모르나 결국은 반항을 낳기 쉽다. 아이들은 실험실의 쥐처럼 어떤 자극으로 특정한 행동을 조건화할 수 있는 대상이 아니라 하나님의 보배롭고 독특한 피조물이다. 그분은 아이들에게 인격적 가치와 존엄성을 부여하셨다. 관계라는 전체 정황을 존중하고 받아들이면 그 결실로 자녀와의 관계가 유년기와 성장기를 지나서도 오래오래 지속될 수 있는 가망성이 훨씬 높아진다.

일곱 번째, 훌륭한 부모 역할은 자녀에게 소통과 배려심과 공감하는 능력을 키워 준다. 이웃을 자신처럼 사랑하는 법을 가르치는 것이다. 자신의 행동에 대해 책임감을 갖도록 가르치며, 자신의 행동이 다른 사람에게 영향을 준다는 사실을 인식하도록 유도해야 한다. 스스로의 감정을 인식하고 타인의 감정을 공감하도록 훈련하는 것은 인성 교육의 핵심으로 성인이 되어 원만한 대인관계를 할 수 있는 기초를 놓아 주는 것이 된다.

여덟 번째, 훌륭한 부모 역할은 행동을 수정하도록 돕는다. 수많은 잠언은 징계와 훈계를 통하여 행동을 조절할 것에 대해 이야기하고 있다(잠 13:24; 19:18; 23:13). 어린 시절에는 돈이나 칭찬과 같은 외재적 동기로 원하는 행동을 하도록 유도할 수 있으나 십대가 되면서 자신이 좋아하는 것을 내재적 동기로 몰입해서 할 수 있도록 유도하는 것이 좋다.

아홉째, 훌륭한 부모 역할은 아버지와 어머니 모두가 동참할 것을 요구한다. 어머니는 양육적이고, 아버지는 훈계하고 훈련하는 역할을 한다. 바울은 데살로니가교회에 유모가 자녀를 기름과 같이 하였고(살전 2:7), 아비가 자기 자녀에게 하듯 권면하고 위로하고 경계하였다(살전 2:11)고 쓰고 있다. 엄부자모(嚴父慈母)라고 하였다. 어머니는 자녀의 욕구에 일관성 있게 반응하여야 하며, 아버지는 놀아 주고 삶의 방향을 제시하는 역할을 해야 한다. 요즈음 요구되는 아버지 역할은 친구와 같은 아버지, 코칭형의 아버지다. 자녀가 유년시절을 보내는 동안 단지 함께 놀아 주는 것만이 아니라 자녀를 돌보는 일에도 함께 참여해야 한다.

자녀를 안정적이고 자신감 있는 아이로 만드는 부모는 자녀에게 안전 기지가 된다.

① 좋은 부모의 경우 문제가 생겼을 경우 잘잘못을 우선적으로 가리지 않는다. 다른 사람도 나와 같은 생각과 느낌을 가지고 있다는 것을 인정하기 때문에 문제가 생길 경우 잘잘못보다는 타인의 입장을 생각해 보고 대화와 타협을 찾게 된다. 자녀를 양육할 때 대부분의 경우 부모의 입장에서 잘잘못을 가린 후 자녀에게 반응하게 되지만 좋은 부모란 자녀의 입장을 먼저 이해하려는 것이 우선되어 자녀를

동일한 인격체로 대하는 부모다.

② 좋은 부모의 경우 감정을 알고 표현하는 데 솔직하다. 어려운 일이 있을 때 우울하고 불안할 수 있다. 그러나 안정형의 사람들은 자기 회복 능력과 위기 대처에 자신감을 가지고 있기 때문에 마음에 여유가 있어서 극심한 장애로 이어지지 않는다. 자녀를 양육할 때도 자녀가 감정에 매몰되지 않고 상황을 객관적으로 판단하도록 도움으로써 감정의 혼란을 피하도록 지도한다. 또한 자신의 감정을 솔직히 표현하도록 하여 자신감을 얻게 한다.

③ 좋은 부모의 경우 양적인 시간보다 질적인 시간을 자녀와 공유한다. 애착이란 양적 관계라기보다는 질적 관계다. 현대를 살아가는 많은 가정이 맞벌이 형태의 가족 경제구조를 형성하게 되어 자녀와의 양적인 시간의 공유가 어려워지는데 이때 자녀와의 질적인 시간의 공유는 자녀를 안정적 유형의 아이로 양육하는 데 매우 중요한 역할을 하게 된다. 그러나 이상적인 양육은 양적·질적 관계의 균형 잡힌 투자에 달려 있다.

부모와 안정 애착을 이루고 있는 아이들은 ① 더 건강하고 ② 새로운 일에 대해서도 자신감을 가지며, 힘든 상황에 직면하더라도 잘 대처할 수 있다. ③ 독립적이고 끈질기게 문제를 해결하려 하며, 성취 지향적이다. ④ 좌절했을 때 적극적으로 도움을 청하며, 마음의 평화를 찾으려 애쓴다. ⑤ 수업시간에 집중하고, 규칙을 잘 지키기 때문에 교사들에게 예쁨을 받는다. ⑥ 아이들에게 괴롭힘을 당하거나 남을 괴롭히는 경우가 적다. ⑦ 학교에서 규율을 잘 따르며 충동적인 행동을 하는 경우가 적다.

열 번째, 훌륭한 부모는 자녀에게 남자다운 것(남성성)**과 여자다운 것**(여성성)**의 차이를 가르쳐 준다.** 현대사회에서 부모 앞에 주어지는 난제 가운데 하나는 자녀에게 남성성과 여성성을 길러 주는 일이다. 현대세계의 특징은 성에 대한 혼란이 점증하고 있다는 것이다.

적어도 부분적으로 이것은 페미니즘 혁명의 썩 긍정적이지 못한 결과 중 하나다. 제임스 답슨(James Dobson)이 『내 아들을 남자로 키우는 법』(두란노)에 설득력 있게 증언했듯이, 우리 문화의 남자 아이들은 남자가 된다는 것의 의미를 대개 상실했기 때문에 위기에 처해 있다. 로버트 루이스(Robert Lewis)도 『아들은 어떻게 남자로 자라는가』(복있는사람)에 동일한 우려를 토로했다.

이것은 방대한 주제라 여기서 다 다룰 수는 없지만, 몇 가지 짚고 넘어가면 유익할 것이다. 성과 성차는 단지 생물학적·사회적 기능이 아니라 남자와 여자인 우리를 더 근본적으로 규정한다. 이 확신의 뿌리는 성경의 창조 기사에 있다. 창세기 1장 27절에 보면 하나님은 인간을 자신의 형상대로 남자와 여자로 창조하셨다. 그런데 남자와 여자는 둘 다 하나님의 형상대로 지어졌지만 둘이 똑같지 않다. 창세기 2장에 분명히 나와 있듯이 하나님은 먼저 남자를 지으신 뒤에 남자의 '돕는 배필'로 여자를 지으셨다(창 2:18, 20). 둘의 연합은 동성 간의 결혼이 아니라 남녀 간의 동반 관계로 그려져 있다. 이들 두 개인은 성 정체에서 구별되며 그래서 서로 보완하는 관계다.

아들과 딸에게 각각 독특한 남성적 정체감과 여성적 정체감을 길러 주는 일은 그리스도인의 자녀 양육에서 중요한 부분이다. 결혼을 앞두고 교제 중인 젊은이들의 경우, 남자가 주도하고 여자가 남자의 리더십에 반응하는 것이 하나님이 배정해 주신 남녀 각자의 독특한 역할에 부합해 보인다. 예외가 있을 수 있으나, 원칙상 이것은 단지 전통적 역할 구분의 문제가 아니라 성경에 증언된 다음 사실에 함축되어 있다. 남자와 여자는 가치와 존엄성에서는 평등하게 만드셨으나 기능과 역할은 서로 다르게, 서로를 보완하도록 만드셨다. 하나님은 가정과 교회를 둘 다 남자가 주관하게 하셨고, 두 기관에 대한 궁극적 책임과 권위를 남자에게 맡기셨다.

남성과 여성이 서로를 알고 서로 보완하는 것은 부부관계의 기초가 된다. 베드로는 **"상대방에 대한 지식을 따라"** 배우자와 동거하라고 가르쳤다(벧전 3:7).

여성은 어릴 때부터 접촉, 소리, 냄새에 더 민감하고 얼굴 표정에 더 민감하게 반응한다. **남자는 위계 질서**(hierarchy)**의 꼭대기에 혼자 있을 때 안정감을 느끼고, 여성은 관계망**(network)**의 중심에 있을 때 안정감을 느낀다**(Carol Gilligan).

남자는 객관적이고 지적이며, 여자는 주관적이고 감정적이다. 남자는 데카르트처럼 '나는 생각(think)한다. 그러므로 존재한다'고 말할 것이다. 남자는 자기 자신에게 관심을 가지며 그 스스로 존재한다. (중략)

그러나 여자는 관계에 대한 근원적인 필요를 가지고 있다. 여자는 관계를 통하지 않고서는 스스로 존재하고 있다는 것을 의식할 수 없다. 여자는 '나는 관계를(relate)를 맺는다. 그러므로 존재한다'고 말한다. 그러므로 여성에겐 연결과 관계가 기본적인 욕구다.

남자가 객관적인 **사물 감각**(sense of things)을 지녔다면, 여자는 주관적 **인격 감각**(sense of person)을 지녔다고 할 것이다(폴 투르니에, 1991).

남성다움과 여성다움의 조화

하나님은 남녀가 상호의존적으로 서로 보완하도록 설계하셨다. 신분의 평등성은 역할의 보완성을 통해 실현된다.

"남성과 여성은 삶에 새로운 온전함을 이룩하는 데 있어서 육체적으로나 정서적으로 서로를 보완하도록 설계되었다"(John Howell). 남편과 아내는 서로 경쟁하는 관계가 아니고 서로 부족함을 채워 주는 보완적이고 상호협조적인 관계로 부름을 받은 것이다. 하나님의 의도는 "그리스도를 경외함으로 피차 복종하라"(엡 5:21)는 것이다.

일상생활을 자세히 들여다보면, 남녀가 많은 공통점을 지니고 있다는 것을 쉽게 알 수 있다. 남성은 성취를 추구하면서 동시에 친밀감을 추구하고, 여성도 이와 비슷하게 친밀감을 추구하지만 성취감도 추구한다. 따라서 남성도 여성과 같이 울 수 있고 부드러움을 표현할 수 있으며, 여성도 남성과 같이 공격적일 수 있고 직업 지향적일 수 있다.

전형적인 남성성과 여성성을 공유하고 있는 양성성의 소유자들이 양극적 성역할을 지니고 있는 개인들보다 더 적응적이고 결혼생활에서도 더 큰 만족을 누리고 있다는 것이 나타나고 있다(장휘숙, 1995).

남자와 여자는 많이 다르다. 하나님께서 뇌를 다르게 창조하셨기 때문이다. 『뇌의 성: 남녀의 진정한 차이』에서 데이비드 예쎌(David Jessel)은 주장한다. "남자와 여자는 다르다. 그들이 동등한 것은 같은 종에 속한 인류라는 점뿐이다. 기질, 기술, 혹은 행위 면에서 그 둘이 같다고 말하는 것은 생물학적으로 그리고 과학적으로 거짓말에 근거한 사회를 세우는 것이다."

남자의 뇌와 여자의 뇌는 서로 다르다. 창조주에 의해 서로 다르게 설계되었다. 바렌-코헨(Simon Barren-Cohen) 박사는 이를 '본질적 차이'라고 불렀다(시 139:14).

남성 호르몬은 테스토스테론(적극성, 경쟁성, 독단성, 집중, 성취와 관련)이고 여성 호르몬은 에스트로겐이다. 호르몬의 영향으로, 남아는 신체적 공격을, 여아는 관계적 공격을 선호한다. 놀이를 할 때도 남아들은 놀이와 관계없는 찌르기, 때리기, 밀어붙이기 등을 여아들보다 더 많이 한다. 여아가 친구를 괴롭힐 때는 왕따, 험담, 잘못된 소문 퍼뜨리기 등 평판에 상처를 주는 공격을 하는 경향이 더 강하다.

뇌량은 좌뇌와 우뇌를 연결하는 가장 커다란 구조물로 양쪽 뇌가 서로 소통하고 서로를 위해 작용할 수 있도록 한다. 남자의 뇌량은 분리되어 있고, 여자의 뇌량은 더 많이 연결돼 있다. 따라서 남자는 한 가지에 집중하고, 고집이 세며, 결단성이 있고, 목표 지향적이다. 반면에 여자는 직관이 발달되어 있고 사람의 마음을 읽을 줄 아는 능력이 뛰어나다.

여자들은 흔히 불평한다. "남편이 때로 사려가 부족하다. 배려가 없다. 남의 말을 잘 듣지 않는다. 성과 스포츠에 대한 생각을 너무 많이 한다. 동정심이 없다. 사랑을 하기보다는 성관계를 더 가지고 싶어 한다. 소변을 보고 나면 변기뚜껑을 제자리에 두지 않는다."

남자의 뇌는 와플 박스처럼 구획화되어 있고, 여자의 뇌는 스파게티처럼 잘 네트워크 되어 있다.

임신이 되면 대개 남자는 X염색체 하나와 Y염색체 하나를 받고, 여자는 두 개의 X염색체를 받는다. Y염색체의 많은 유전자들은 남성화의 발달에 기여한다. 하나님은 의도적으로 남자의 뇌와 여자의 뇌를 다르게 창조하셨다.

여자아이는 어른과 더 많이 눈을 맞춘다. 새로운 장난감을 놀이터에 가져다주면 남자아이들은 하던 일을 멈추고 장난감을 보러간다. 그러나 새로운 아이가 나타나면 여자아이가 먼저 가서 말을 건다. 여자아이들은 말도 일찍 배우고, 단어도 더 많이 알며, 기억도 더 잘한다. 여자아이들 사이의 우정의 표시는 서로의 비밀을 털어놓는 것이다. 사람과 사물을 보여 주면 남자는 사물을 기억하지만, 여자는 사람을 기억한다.

여자와 남자는 일생에 걸쳐 서로 독특한 뇌의 특성을 유지한다. 여자들은 친밀한 우정과 대화에서 힘과 위안을 얻는다. 여성은 스트레스를 받으면 서로에게서 지원과 위로를 찾는다. 남자는 그렇지 않다. 남성은 스트레스를 받으면 대개 뭔가 육체적인 일을 하거나 혼자 있고 싶어 한다. 여자는 사람을 좋아하고, 남자는 일을 좋아하는 편이다.

변연계는 감각 자극과 감정 자극을 관장한다. 시상하부(성), 해마, 편도, 대상회가 다르다. 변연계의 주요 감정센터인 대상회는 여성이 더 크고 활동적이다. 따라서 여자는 감정을 더 잘 털어놓고, 양육하고, 보살피고 친구가 되어 주는 성향이 있다. 여아는 남아보다 분노를 제외한 대부분의 정서를 더 자주 표현한다.

대뇌피질은 뇌의 가장 높은 부위에 있다. 보고, 듣고, 냄새 맡고, 생각하고, 기억하고, 추론하는 일을 맡는다.

전두엽은 주로 이성적 사고, 계획, 감정, 문제해결과 관련이 있다.

두정엽은 촉각, 압력, 온도, 고통과 관련된 자극에 관여한다.

측두엽은 청각적 자극과 기억의 인지와 인식에 관계한다.

후두엽은 다양한 시각적 측면에 관계한다.

뇌에서 분비되는 화학물질에는 여러 가지가 있는데, 여성에게는 옥시토신, 세로토닌, 에스트로겐, 프로게스테론이 높고, 남성에게는 테스토스테론과 바소프레신 수치가 높다.

- 남자의 뇌는 계획과 협정을 위해 만들어졌고, 여자의 뇌는 양육과 네트워킹에 적합하다.
- 남자의 뇌는 경쟁을 강조하고, 여자의 뇌는 동정심과 보살핌을

강조한다.

- 남자의 뇌는 공간적이고 결과 지향적이며, 여자의 뇌는 대화와 협력 중심적이다.
- 남자의 뇌는 일에 이끌리며, 여자의 뇌는 사람에 이끌린다.

여자는 사물을 볼 때 두루두루 살펴보지만 남자는 쪽집게처럼 자기가 보고 싶은 것만 보는 성향이 있다. 그리고 청각적으로, 여자는 다중적 청각정보를 동시에 처리할 수 있도록 설계되어 있어 사소한 어조와 음색의 변화를 알아차리지만, 남자는 한 가지 정보만 처리할 수 있기 때문에 전화가 오면 TV를 끄고, 음악소리를 낮추어야 한다.

남자는 과학기술과 스포츠에 관해 더 많은 말을 하며, 여자는 인간관계에 대한 대화를 많이 한다. 여자는 하루에 음성언어, 신체언어 신호를 포함해 하루 2만 개 정도의 의사소통 수단을 사용하는데, 남자는 7천 개 정도의 의사소통 수단을 사용하는 것으로 밝혀졌다(Barbara and Allan Pease).

촉각과 통각 면에서도, 여자의 피부는 남자보다 적어도 열 배는 더 촉각과 압박에 예민하다. 여자는 옥시토닌 수치가 높은데, 만지고자 하는 갈망이 강할 뿐 아니라 감각수용체가 민감하게 발달되어 있다.

후각과 미각 면에서도, 여성은 남자보다 훨씬 더 뛰어난 후각과 미각을 갖고 있다. 여자는 더 많은 미각돌기를 가지고 있어서, 더 쓰고 복합적인 맛을 느낄 수 있다.

보통의 남자는 체계화에 더 강한 동기를 부여받으며, 여성은 공감에 강한 동기를 부여받는다. 남자의 뇌는 분석하고, 탐구하고, 체계를 구축하는 것을 잘한다. 남자는 컴퓨터, 자동차, 수학방정식, 스포츠, 사냥, 전자제품을 통제하는 법칙을 쉽게 알아낸다. 여자는 다른 사람이 느끼거나 생각하고 있는 일을 알아내고, 그런 감정을 더 잘 공감한다.

따라서 남자는 기계류의 장난감을 좋아하고, 여자 아이들은 인간을 닮은 인형을 좋아한다. 남자는 다른 사람과 경쟁하고, 여자는 다른 사람과 협상한다.

공간 능력의 차이에서 남자는 공간 능력에 여자를 앞선다. 따라서 도로 지도를 잘 읽는다. 남자에게 운전은 공간과 수학 능력에 대한 시험이다.

- **스트레스 대응 방식의 차이**: 스트레스에 대해 여자들은 행동하기 전에 생각하고 느끼는 성향이 있다. 남자는 행동을 먼저 하고 나중에 생각하도록 만들어진 것처럼 보인다. 남자는 싸우거나 경쟁하지만, 여자는 돌보거나 친구가 되어 준다. 남자의 뇌는 경쟁을 향해, 여자의 뇌는 협력을 향해 움직인다. "여자가 된다는 것은 세상을 향한 거대하고 투명한 안테나를 가지는 것과 같다. 당신은 주변 사람들의 감정과 필요를 끊임없이 의식한다." 여자의 뇌는 남자의 뇌보다 더 언어적 소통을 잘 처리하고 즐기도록 만들어져 있다.

교제 기간에 이 부분의 혼란을 해결하지 않는다면 결혼 후에도 그 것이 그 부부에게 길조가 되지 못한다. 결혼 전에 교제할 때부터 올 바른 성경적 역할을 연습하면 얼마나 더 좋겠는가. 그래서 우리는 장 래에 결혼을 꿈꾸는 미혼 독자들에게 『화성에서 온 남자, 금성에서 온 여자』, 『여성, 그대의 사명은』과 같은 책을 읽어 보라고 권한다.

성공적 삶을 살아가는 데 기여하는 요인은
IQ(20%)보다 EQ(80%)가 더 큰 비중을 차지한다.
EQ, 즉 감성지수는 자신의 감정을 인식하는 능력,
타인의 감정을 공감하는 능력, 대인관계 능력,
자기동기부여 능력, 그리고 자기절제 능력으로 이루어져 있다.
인성개발은 EQ를 높이는 과정이라 해도 과언이 아니다.
행복한 사람은 자기를 좋아하고 사랑한다.
자기를 좋아하는 사람은 다른 사람도 좋아한다.
결국 행복한 요소를 이루는 가장 중요한 요소는
자아존중감이다.

6

행복한 인생을 여는 열쇠, 성품

인성(성품)의 특성

신재인, Tree Shadow, 2015

성격이란 한 개인이 환경과 상호작용하면서 나타나는 독특하고 안정된 행동양식을 말한다. 대부분의 학자들은 개인의 성격은 타고난 유전적 조건과 성장하면서 경험하게 되는 환경적 조건의 상호작용을 통하여 형성된다고 주장한다.

좋은 성품이 '한 개인이 처한 구체적인 상황에서 배우고 훈련해서 얻게 된다'는 말은 좋은 성품은 우리의 삶에서 어떤 특징을 띠고 나타난다는 말이다. 한국형 12가지 성품교육의 주창자 이영숙(2011)에 의하면, 좋은 성품은 삶에서 구체적으로 다음과 같은 다섯 가지 모습으로 나타난다.

첫째, 성품은 눈에 보이는 그대로 나타난다. 좋은 성품은 삶의 위기와 갈등에 직면했을 때 드러난다. 좋은 성품은 평상시의 말과 생각, 표현하는 방법과 태도를 통해 숨겨지지 않고 그대로 드러난다.

둘째, 좋은 성품은 사람들 사이에서 여러 가지 관계로 나타난다. 좋은 성품은 여러 인간관계에서의 성공을 토대로 삶의 여러 영역에서 아름다운 결실을 맺는다.

셋째, 성품은 습관을 통해 드러난다. 습관은 오랫동안 무의식적으로 행해 온 기억들이 모여 형성된 기억더미다. 버릇이 습관이 되고 이 습관에 이성의 작용이 더해서 결국에는 인성이라는 안정적이고 지속적인 상태로 자리 잡는 것이다.

넷째, 좋은 성품은 예의 바름을 통해 나타난다. 현대 사회에서는 예의가 곧 경쟁력이다. 좋은 생각이 좋은 행동으로 표현되고, 그 행동을 반복할 때 좋은 습관이 되며, 그 습관이 바로 예의 바른 사람을 만드는 것이다.

다섯째, 좋은 성품은 말을 통해 나타난다. "말은 사상이다. 작은 잉크 방울이 안개처럼 생각을 적시면, 거기에서 수백, 수천의 생각이 가지를 치고 나온다"(Lord Byron). 사람의 말 속에 성품이 들어 있다.

인성과 방어기제

행복 연구의 대가 조지 베일런트는 하버드 대학생 268명의 삶을 72년간 조사한 끝에 이렇게 결론을 내렸다. "인생에서 가장 중요한 것은 바로 다른 사람들과의 관계다. 행복하고 건강하게 나이 들어갈지를 결정짓는 것은 지적인 뛰어남이나 경제적 계층이 아니라 인간관계다. 따뜻한 배려와 교류, 그리고 정서적 지지가 있는 인간관계는 우리의 인생을 풍요롭게 만들 뿐만 아니라 우리로 하여금 건강하고 오래 살 수 있게 만들어 주는 묘약이다." 베일런트는 자신의 저서 『성공적인 삶의 심리학: 정신건강이란 무엇인가?』에서 진정한 행복의 조건으로 7가지를 제시했다.

① 고통에 대응하는 성숙한 방어기제 ② 교육(늘 배우려는 태도) ③ 안정된 결혼생활 ④ 금연 ⑤ 금주 ⑥ 운동 ⑦ 적정 체중을 들었다. 행복

하고 건강한 인생을 결정짓는 열쇠는 지성이나 사회적 계급이 아니라 폭넓은 인간관계를 만드는 '좋은 성품'(품성)이라는 결론을 지었다. 행복의 조건 일곱 가지 중에서 두 가지가 대인관계와 관련된 것이다.

성공적 삶을 살아가는 데 기여하는 요인은 IQ(20%)보다 EQ(80%)가 더 큰 비중을 차지한다. EQ, 즉 감성지수는 자신의 감정을 인식하는 능력, 타인의 감정을 공감하는 능력, 대인관계 능력, 자기동기부여 능력(self-motivation), 그리고 자기절제(self-discipline) 능력으로 이루어져 있다. 인성개발은 EQ를 높이는 과정이라 해도 과언이 아니다. 행복한 사람은 자기를 좋아하고 사랑한다. 자기를 좋아하는 사람은 다른 사람도 좋아한다. 결국 행복한 요소를 이루는 가장 중요한 요소는 자아존중감이다

사람마다 불안할 때 사용하는 방어기제가 각각 다르다. 어느 누구도 고통과 노력과 불안 없이 인생의 승부에서 살아남은 사람은 없다. 우리가 우리의 몸을 보호할 필요가 있듯이 우리의 마음도 보호할 필요가 있으며, 방어기제는 바로 사람들이 자신의 마음을 보호하기 위해 사용하게 되는 것이다. 사티어(Satir, 1991)는 방어기제를 사람들의 생존방식이라고 말했다.

조지 베일런트는 현실과 괴리된 정도에 따라 미성숙한 것에서 성숙한 것에 이르기까지 18가지 방어기제를 위계적으로 배열하였다. 방어위계의 중심 가설은 성숙한 방어기제를 사용하는 사람들은 미숙한 방어기제를 사용하는 사람보다 더 행복하며, 훨씬 더 나은 정신건강

을 누릴 것이라는 것이다.

- **정신병적 방어기제**는 명백하게 건강하지 못한 것으로서 불안을 회피하기 위해서 매우 심한 현실 왜곡을 나타낸다. 여기에는 실제로 일어난 일이 전혀 일어나지 않았다고 믿는 정신병적 부인(denial)과 망상적 투사(projection)가 해당된다. 망상적 투사, 부정, 왜곡을 잘하며, 정신병자는 자기 증상을 모르나 신경증 환자는 증상을 지나치게 예민하게 경험한다.
- **미성숙한 방어기제**로서 청소년이나 심한 우울증을 겪는 사람들이 흔히 사용하는 것이다. 이러한 방어기제에는 퇴행(regression), 수동공격성, 건강염려증, 신체화(somatization), 동일시(identification), 행동화(acting out) 등이 있다.
- **신경증적 방어기제**는 현실을 왜곡하는 정도가 경미한 것으로서 보통사람들이 불안을 이겨내기 위해서 흔히 사용하는 방식들이다. 여기에는 억압(repression), 반동형성(reaction formation), 전치(치환: 대체, 전위: displacement), 합리화(rationalization) 등이 해당된다. 성숙한 사람일수록 현실 검증을 한다. 미성숙한 사람은 '현실에서 이룰 수 없는 내가 원하는 세계를 마음속으로 만드는 자아의 책략'으로 공상을 한다.
- **성숙한 방어기제**는 적응적인 것으로서 불안을 완화하는 동시에 내면적인 갈등을 인식하면서 건설적으로 해소하려는 노력을 의

미한다. 성숙한 삶이란 행동과 마음이 일치하는 삶이다. 이러한 방어기제로는 갈등이나 충동을 사회적으로 가치 있는 활동으로 전환하는 승화(sublimation), 현실을 부정하지 않으며 건강하게 재구성하는 유머(humour: 자기객관화, 즐거움을 방해하는 고통스러운 감정이 있음에도 불구하고 그것을 극복하고 즐거움을 얻는 것), 다른 사람에게 도움이 되는 활동으로 연결하는 이타주의(altruism: 자신이 원하는 것을 다른 사람에게 줌으로써 기쁨을 느끼는 것), 억제, 그리고 예상(anticipation: 앞으로 닥칠 심리적 불편함을 미리 정서적으로 경험해서 그 사건이 닥쳤을 때 그 부정적 영향을 약화시키는 것, 마음의 예행연습) 등이 있다.

행복의 가장 중요한 원천은 우리가 맺고 있는 소중한 관계들이다. 우리 자신이 행복해지는 가장 좋은 길은 남을 행복하게 하는 것이다. 우리가 추구하는 행복도 '나만의 행복'이 아니라, '우리 모두의 행복'이어야 한다. 내가 행복해지는 가장 좋은 길은 남을 행복하게 하는 것이다.

"성공은 행복의 열쇠가 아니다. 그러나 행복은 성공의 열쇠가 된다"(Albert Schweitzer). 좋은 대학을 나오고 높은 사회적 지위에 올라서 돈을 많이 버는 '성공'은 개인에게 나쁘지 않다. 하지만 그 성공이 '행복'의 대가로 얻은 것이라면, 과연 그것을 행복한 성공이라고 할 수 있을까? 우리는 아이에게 성공이라는 선물을 주려고 노력하지만, 알고 보면 자신의 '행복하지 못함'을 대물림하고 있는지도 모른다. 아이의 행복을 원한다면 다음의 질문에 진지하게 고민해 보자.

(1) 나는 아이에게 학업 스트레스를 얼마나 주고 있는가?

(2) 나는 아이에게 너무 과도한 기대를 하고 있지 않은가?

(3) 나는 아이에게 요구하는 것만큼 스스로 모범을 보이고 있는가?

(4) 나는 아이에게 '심리적 자유감'을 주고 있는가? 아이가 내 눈치를 너무 보고 있지는 않은가?

(5) 아이와의 진정성 있는 교제시간(놀이, 대화, 스킨십)은 얼마나 되는가?

(6) 아이는 얼마나 자유로운 시간을 가지고 있는가?

(7) 아이가 가지고 있는 삶의 목적은 무엇인가? 나는 아이에게 어떠한 삶의 목적을 가르쳐 주고 있는가?

(8) 나는 진정 행복한가? 행복하기 위해서 어떤 노력을 하고 있는가?

우리는 행복을 추구하며 생활한다. 우리는 돈을 많이 벌수록 행복해질 것이라고 생각한다. 행복은 소유에 비례하지 않는다. 1974년에 이스털린(Richard Easterlin)이라는 노벨경제학자가 역설적 사실을 발견하였다. 소득수준이 올라가면 행복감도 증가하지만, 일정한 소득수준을 지나면 더 이상 행복감이 증가하지 않는다는 역설을 발견한 것이다.

행복은 물질적 부보다 정신적인 부에서 온다. 긍정심리학자 서은국 교수는 사람에게 가장 큰 행복을 주는 조건 중에 하나는 '사람'이라고 한다. 궁극적으로 행복은 가까운 사람과 사이좋게 지내는 데서 온다. 진정한 만족과 행복은 밖으로부터 오는 것이 아니라 대인관계에서 찾을 수 있는 것이다. 존경과 감사, 배려와 소통 능력, 공감하는 대화가 사람을 행복하게 하는 것이다. 올바른 인성에 행복의 길이 있다.

'도덕적 감수성'이란 내가 하는 행동이
남에게 피해를 주지는 않는지,
남의 마음에 상처를 주는 것은 아닌지 자문하며,
다른 사람의 심정과 처지를 '섬세한 마음으로'
헤아릴 줄 아는 사람이다.
남에게 상처와 피해를 주고도
그에 대한 반성과 의식이 없다면
이것은 남의 아픔을 자신의 아픔과 비슷한 것으로
이해할 수 있는 '공감 능력'이 부족해 초래되는 현상이다.

7

도덕적 감수성을 키워 주는 인성교육

인성교육, 무엇을 어떻게 해야 하나?

신재인, Spring Snow, 2016

　　　　자녀를 바르게 양육하려면 먼저 올바른 자녀관을 가져야 한다. 부모가 자녀를 대하는 태도부터 바로 잡아야 한다.

　첫째, 아이는 소유물이 아니라 하늘의 선물이다. 유교문화에서 우리는 자녀를 부모의 소유물이나 재산처럼 생각하도록 의식화되었다. 그러나 우리 자녀는 하나님이 주신 선물이며 재산이다. 자식은 여호와의 선물이요, 태중의 소생은 그가 주신 상급이다(시 127:3). 자녀는 우리를 통해서 세상에 왔지만 우리의 것이 아니고 우리에게 맡겨진 선물임을 잊지 말아야 한다.

　우리나라 부모들의 잘못된 자녀관은 다음과 같이 나타난다. 자녀들을 자신의 소유물로 생각한다. ① 자녀들을 어른들 마음대로 할 수 있는 어떤 대상으로 생각한다. ② 자녀는 부모의 연장이어서 부모를 닮은 것이 최상의 모습이고 부모의 생활 태도나 포부와 목표를 그대로 받아서 성취하기를 고대한다. ③ 자녀들을 부모들의 필요와 욕구 충족의 수단으로 생각한다. ④ 부모가 노후에 효도 받기 위해서 자녀들에게 투자한다고 생각한다.

　아니다. 자녀는 하늘의 선물로서 아낌없는 사랑, 조건 없는 사랑을 주어야 할 대상이다. 많은 부모들이 아이를 소유물로 생각한다. 따라서 투자한 만큼 어떤 식으로든 충분히 본전을 뽑아야 한다고 생각한다. 아이를 소유물로 보는 것은 자본의 시각이고, 아이를 하나님의 선물로 보는 것은 사람의 시각 또는 생명의 시각이다. "네가 우리 가정에 태어나 줘서 정말 고맙구나. 함께 행복하게 잘 살아보자." 이런 태도로 아이를 대해야 한다.

둘째, 자녀는 하나님의 형상을 따라 창조된 개성 있는 인격체다(마 25:15). 성격과 재능과 관심과 적성(은사)이 서로 다른 개성이 있는 인격체다. 다중지능이론(Howard Gardner)에 의하면, 사람은 언어지능, 논리수학지능, 음악지능, 공간지능, 신체운동지능, 자연지능, 자기성찰지능, 대인관계지능 가운데 두세 개의 강점 지능을 타고난다.

따라서 우리 아들과 딸은 각각 기질과 좋아하는 것이 다르며, 재능과 능력이 다르다. 그러므로 각자의 개성을 존중해야 한다. 우리 자녀는 서로 다른 강점 지능을 타고 났다. 적성과 기호에 따라 자신이 하고 싶은 것을 하게 하라. 아무 조건 없이 사랑해줄 때 아이는 자율성을 발휘하지만, 조건부 사랑을 하면, 아이는 부모가 말하는 조건에 맞춰야 하는 눈치 보는 인간, 타율적인 인간이 된다(강수돌, 2015).

21세기 성공인은 어떤 일이든 자기가 꼭 하고 싶고, 남과 더불어 즐겁게 살 수 있으며, 자신을 발전시킬 수 있고, 사회에 즐거움과 이로움을 주는 사람이다. "나는 나를 좋아하고, 나는 나대로 가치가 있으며, 소중한 사람이고, 나답게 살고 싶다." 그러므로 되고 싶은 사람이 되어서 하고 싶은 일을 하게 도와주라.

"아이들은 자신이 잘하는 것을 좋아하고, 좋아하는 것을 할 때 몰두한다. 아이들을 시험 성적에 따라 일렬로 세우지 말라. 아이들이 어떤 능력을 갖고 있는지 찾아내 능력을 최대한 발휘할 수 있도록 가르쳐라"(Howard Gardner).

셋째, 우리의 자녀는 잠시 우리 집에 머물다가 자기 길을 가야 하는 귀한 손님이다. 자녀는 일정한 나이가 되면 우리 곁을 떠나간다. 아들은 군대에 입대, 딸은 학교기숙사로 떠나기도 하고, 결혼하면 모두 우리를 떠나 자기 길을 간다. 우리가 자녀를 손님으로 대우한다면 우리와 함께 생활하는 동안 비인격적으로 대하지 않을 것이다.

어떤 아이로 키워야 할까?

"어떤 아이로 키워야 잘 키운 것인가?"라고 물었을 때, 우리는 아이가 인성도 좋고, 공부도 잘하고, 실력도 있고, 건강도 좋고, 친구와의 관계도 좋으며, 나름의 꿈을 가지고 자율적이고 주체적으로 살아가는 아이가 되기를 원한다. 나는 이 가운데 좋은 교육의 요소로 두 가지만 꼽으라고 한다면 스스로 살아가는 힘인 자립심과 이웃과 함께할 수 있는 협동심, 이 두 가지가 핵심이라고 생각한다.

스스로 살아간다는 게 무엇인가? 자기가 좋아하는 공부와 좋아하는 일을 하며 나름의 비전이나 주체성, 삶에 대한 책임감을 갖고 사는 것이다. 물론 그러면서도 내가 다른 사람들과 함께 살아야 하는 존재라는 것을 아는 마음, 즉 협동심과 연대감도 필요하다. "같이 또 따로, 따로 또 같이" 하는 것이다(강수돌, 2015). 더불어 행복하게 살려면,

우리에게는 열등감과 우월감, 경쟁심이 아니라 자존감과 협동심이 필요하다.

인성교육이란 크게는 지·정·의·체(知·情·意·體)가 조화된 교육을 의미하며 좁게는 도덕교육을 의미한다. 인성교육은 지식교육이 아니다. 인성은 스스로 깨닫고 다른 사람과 공감하며 배우고 행동으로 옮겨 실천해야 한다. 교육은 무엇보다 '사고력을 훈련시키는 과정'이다.

빈센트(Vincent, 1999)는 학교에서의 성품교육을 강조하였는데, 특별히 학교에서 좋은 습관을 기르게 하고, 성품교육을 시키기 위해서 먼저 규칙(rules)과 절차(procedures)의 준수를 가르쳐야 한다고 주장했다. 빈센트는 이 규칙과 절차의 준수는 일상생활뿐 아니라, 학업과 대인관계에도 영향을 미친다는 점을 역설하면서 협동학습, 스스로 생각하게 가르치기, 성품발달을 위한 다양한 독서(reading for character), 봉사를 학습하기의 네 가지 교육방법을 제시하였다.

효과적인 인성교육의 방법은 무엇일까? 교육학자 조벽(2016)은 인성을 자기조율, 관계조율, 공익조율을 할 수 있는 능력이라고 정의하면서 다음과 같은 제언을 하고 있다.

저는 인성과 인성교육을, 꽃과 꽃 가꾸기에 비유합니다. 인성이 바로 우리 모두가 원하는 꽃이고, 꽃을 피우기 위한 물을 주고 거름주기가 인성교육인 셈입니다. 우리는 물과 기름을 꽃에다 직접 주지 않습니다. 뿌리에다 줍니다. 그렇다면 인성이라는 꽃을 피우기 위해 인성교육이 물과 거름은 어디에 뿌려야 할까요? 저는 자기조율(자기존중),

관계조율(타인존중), 공익조율(시민의식), 세 가지 삼율(三律)을 실천할 수 있는 능력을 갖추도록 하는 게 효과적인 인성교육의 방법이라고 생각합니다(p.39).

말은 인간의 삶 자체를 이끌어가는 힘이 있다. "말이 바뀌면 인생이 바뀐다"는 말이 있다. 생각은 말이 되고, 행동이 된다. 행동은 습관이 되고, 성격(성품)이 된다. 성격은 인격이 되고 결국 한 사람의 운명을 만들어 간다(주철환). 인성교육은 내면에 존재하는 미덕을 일깨우고, 최상의 자질을 이끌어내기 위해 언어의 힘을 사용한다.

사고력을 훈련시키는 과정은 단기간에 이뤄지지 않는다. 필자는 인성이 단시간의 학교교육만으로 크게 변화될 것으로 기대하지 않는다. 그러면 어떻게 할 것인가? 필자는 아이들에게 인성교육을 시키기보다는 오히려 부모에게 인성교육을 시키는 것이 더 효과적일 것이라고 생각한다. 왜냐하면 아이들은 부모의 인성을 그대로 닮기 때문이다. 대부분의 아이들은 부모의 성격, 인성을 그대로 닮는다. 부모의 인성이 좋아야 아이의 인성도 좋다(조현섭, 2015).

지식교육과 인성교육은 통합되어 함께 이뤄져야 한다. 지식교육과 인성교육은 통합되어야 하며, 범교과적 인성교육, 범사회적 인성교육이 시행되어야 한다.

인성교육은 결국 도덕적 감수성을 키워 주는 교육이다. 좋은 인성의 소유자, 즉 도덕적 인간과 바른 사람이 되기 위해서는 '도덕적 감수성'을 지니는 것이 중요하다. '도덕적 감수성'이란 내가 하는 행동이 남에게 피해를 주지는 않는지, 남의 마음에 상처를 주는 것은 아닌지 자문하며, 다른 사람의 심정과 처지를 '섬세한 마음으로' 헤아릴 줄 아는 것이다. 남에게 상처와 피해를 주고도 그에 대한 반성과 의식이 없다면 이것은 남의 아픔을 자신의 아픔과 비슷한 것으로 이해할 수 있는 '공감 능력'이 부족해 초래되는 현상이다.

도덕적 감수성을 지닌 사람은 공감 능력이 뛰어나고 또한 남의 입장을 바꾸어 생각할 수 있는 '역지사지'(易地思之)할 수 있는 능력도 뛰어나다. 우리는 우선 "남에게 피해와 고통을 주는 인간이 되지 말자"는 위해 원리(harm principle)를 반드시 체득해야 한다.

다니엘 골만(Daniel Goleman)은 『감성지능』(EQ)에서 EQ가 IQ보다 중요한 이유를 설명했다. 그는 IQ가 성공에 기여하는 비율은 20%밖에 되지 않음을 설명하면서, IQ는 변하지 않으나 EQ는 계속 높일 수 있음을 강조하였다. IQ와 성취도 사이에는 그 어떠한 상관관계도 없다. 심리학자들에 의하면 IQ가 110만 넘어서면 지능지수와 성공의 가능성과는 아무런 상관이 없다(김주환, 2011). 행복과 성공의 99%는 감성으로 결정된다. 상대방의 감정에 공감하며 반응하는 감수성을 키워 주는 것이 인성교육의 중요한 부분을 차지한다.

성경은 "마땅히 행할 길을 아이에게 가르치라. 그리하면 늙어서도 그것을 떠나지 아니하리라"(잠 22:6)고 가르치고 있다. 진정한 인성교육은 하나님의 성품을 닮아가게 하는 것, 즉 예수님의 성품을 닮아가게 하는 것이다. 진정한 영성은 나를 창조하신 하나님의 계획을 알고 만드신 목표와 방법대로 살아가는 것이다. 하나님이 우리를 사랑하신 그 사랑으로 자신을 소중하게 인정하고 이웃을 사랑하며 섬기는 것이 진정한 영성이다(마 22:37-39).

그러므로 이 시대의 전정한 영성(인성교육)은 하나님의 형상을 닮은 피조물로서 "너는 마음을 다하고 성품을 다하고 힘을 다해 네 하나님 여호와를 사랑하라"(신 6:5), "네 이웃을 네 자신같이 사랑하라"(마 22:39)고 하신 대로 사는 것이다. 다른 사람을 존중하고 이웃을 자기 자신처럼 사랑하라는 것은 신구약 윤리의 본질에 해당한다. 예수님은 자아정체감이 분명하였으며, 분별력과 공감인지 능력을 겸비한 조화로운 성품을 가지셨고, 믿음을 실천하며, 섬김의 삶을 사셨고 사람을 사랑하고 관용하며 존중하는 모범적인 삶을 사셨다. 예수님의 성품을 닮은 사람을 키우는 것이 진정한 인성교육이라 할 수 있다(이영숙, 2010).

실제적으로 인성교육은 어떻게 이뤄져야 하는가? 인성교육은 가정에서 평상시 부모의 삶을 통하여 익혀가는 것이 근본이 되어야 한다. 부모는 기본적으로 다섯 가지 기본적인 형태, 즉 모범, 통제, 대화, 상호작용, 함께하는 경험을 통해 자녀의 인성을 개발할 수 있다(찰스 셀, 1997).

학교에서는 체계적 다양한 프로그램의 반복학습 및 실천이 진행되어야 한다. 예를 들어, 인성교육의 실천은 '감사 나눔, 칭찬하기, 인사하기, 고운 말, 바른 말하기, 편지 쓰기, 악수하기, 안아 주기, 밥상머리 교육, 침대머리 교육, 이야기 5분 들어주기, 함께 식사하기, 하루 세 명에게 감사문자 보내기, 봉사활동' 등 다양한 실천을 통해 이뤄질 수 있다.

한편 부모코칭 전문가 폽킨(Michael Popkin, 2007)은 품성(성품)은 부모역할 훈련에서 강조하는 가장 중요한 개념 중의 하나로서 현대사회에서 자녀가 행복하고 성공적인 삶을 살아가게 하기 위해서는 **용기와 자기존중감, 책임감, 협동심, 그리고 자신과 타인에 대한 존경심**(존중) 등 다섯 가지 자질이 특히 중요하다고 주장했다. 참고로 미국의 기본적 교육 시스템은 Character Counts(인성이 중요하다)는 슬로건 아래 1990년부터 도덕교육을 강조하고 인성교육을 중요시해 왔다. 미국교육은 특히 신뢰와 존중, 책임감, 공평, 나눔, 배려, 시민성 등 여섯 가지 덕목을 중시해 왔다.

인성교육 핵심가치, 어떤 덕목을 키워 줘야 할까?

인성교육 진흥법 제2조(정의). 법에서 사용하는 용어의 뜻은 다음과 같다.

첫째, 인성교육이란 자신의 내면을 바르고 건전하게 가꾸고 타인, 공동체, 자연과 더불어 살아가는 데 필요한 인간다운 역량을 기르는 것을 목적으로 하는 교육을 말한다.

둘째, 인성교육의 핵심가치와 덕목은 그 우선순위에서 **정직, 책임, 배려, 존중, 협동, 소통, 예절, 효도** 순으로 나타났다. 인성교육 진흥법은 '건전하고 올바른 인성을 갖춘 국민을 육성'하는 데 목적을 두고 추구해야 할 핵심가치와 덕목으로 **예**(禮: 동기성), **효**(孝: 태도성), **정직**(성실),

책임, 존중, 배려, 소통, 협동 등을 내세우고 있다.

'어떻게 사는 것이 행복일까? 사람은 언제 가장 행복할까?' 이 질문에 대한 답은 가정에 있다. 가정에서 행복을 느끼지 못하면 설사 다른 데서 행복을 느껴도 가정에서 느끼는 행복과 비교할 수 없다. 밥상머리에서 중요한 핵심은 소통이다. 가족간에 소통이 된다면 다른 이웃과 친구들과도 소통이 잘된다. 하지만 가족간에 소통하는 법을 배우지 못하면 사회에 나가서도 인간관계가 힘들어진다. 부모는 자녀의 인성에 가장 많은 영향을 미치는 중요한 타인이다. 부모는 돌봄과 양육, 그리고 상담을 통해 자녀의 인성에 가장 많은 영향을 미칠 수 있다.

어떤 아이로 키워야 잘 키운 것일까? 우리는 아이가 인성도 좋고, 공부도 잘하고, 실력도 있고, 건강도 좋고, 친구와도 관계가 좋으며, 나름의 꿈을 가지고 자율적이고 주체적으로 살아가는 아이가 되기를 원한다. 지금 우리나라에서는 공부만 잘하면 나쁜 짓을 해도 괜찮다고 하는 분위기다. 우등생은 우월감으로 살지만 열등생은 열등감에 묻혀 산다. 우리에게 필요한 것은 우울감이나 경쟁심이 아니라 자존감과 협동심으로 더불어 행복하게 살 수 있는 인성이다.

인성은 사람이라면 누구나 꼭 가져야 할 가치와 성품을 말한다. 예를 들면, 정직, 신뢰, 약속, 배려, 봉사, 나눔, 소통, 협동, 친절, 인내, 절제, 긍정, 공감, 자비, 책임, 질서, 사랑 등을 들 수 있다. 부모는 어떻게 자녀에게 예절, 공손, 절제, 배려 등을 배우게 할 수 있는가? 핵심 가치 덕목을 중심으로 살펴보기로 하자.

1) 예(禮: etiquette or manners), 역지사지(易地思之)의 '배려와 사랑'

예의범절은 사람이 사람다운 삶을 살아가기 위해 마땅히 지켜야 할 도리다. 예는 상대방을 배려하는 정중한 행동이다. 사람다운 사람으로서, 그리고 좋은 시민으로서 갖춰야 할 기본예절(manners)을 말한다. 다른 사람을 존중하고 사회적 관계를 촉진시키는 일상의 생활방식이다. 예절로 표현되는 행동이 바로 그 사람의 성품이다. 예를 지킴으로써 남에게 폐를 끼치지 않고 불편을 주지 않음으로써 조직이나 집단의 구성원이 조화와 질서를 유지하게 된다.

오늘날의 용어로 기본예절의 실례를 든다면, 우리가 무언가를 하고자 할 때 "실례합니다"(please!)라고 말하는 것, 누군가가 우리에게 도움을 줄 때 그들에게 고마워하는 것, 우리를 따라오는 사람을 위해 출입문을 잡아주는 것, 공공장소에서 떠들지 않는 것, 여럿이 모였을 때 휴대폰을 꺼놓는 것, 상대를 공격하지 않는 언어를 사용하는 것 등이 해당한다. 이러한 모든 행동들은 우리 주변에 있는 사람들을 편안하게 해주는 작은 노력이지만 매우 의미 있는 삶의 방식이다.

밥상머리는 자녀에게 필요한 인성과 예절을 가르칠 절호의 기회다. 예를 들어, 물을 마실 때는 소리 내어 마시지 않고, 음식을 준비한 분에게 감사하고, 식사를 시작할 때는 "잘 먹겠습니다", 식사를 마친 후에는 "잘 먹었습니다"라고 말하게 하면서 식사예절을 가르칠 수 있다.

다른 사람에게 대한 배려를 밥상을 통해 배우게 한다.

요즈음 금수저 2세들이 함부로 행동해서 망신당하는 일이 빈번해지고 있다. 대한항공 조연아 부회장의 회항사건, 한화 김승연 회장의 아들 김동선 씨가 만취해 술집종업원을 폭행한 사건, D물산 회장 아들 임범준 씨가 비행기 내에서 난동을 부린 사건… 소위 부유층 자제들의 행태가 끊임없이 문제가 되자, 부모들 사이에서 가정교육, '예절교육'이 새삼 화두로 떠오르고 있다.

2016년 말 화제가 되고 있는 최순실 씨의 딸 정유라의 언행이 화제가 되고 있다. "돈도 실력이다. 능력 없으면 너희 부모를 원망해." 돈과 부모가 성공 비결이라는 태도는 잘못된 인성교육의 표본이라 할 수 있을 것이다. 안하무인으로 갑질하는 정유라의 행동은 어디서 유래했을까? 특히 서비스 직종 사람들에게 함부로 하는 것은 부모가 그들에게 함부로 대하는 걸 보고 배운 것 아니겠는가?

예는 기본적으로 부모의 언행을 보고 배우는 것이다. 예는 사람다운 도리를 다하는 것이므로 '예는 이치에 맞아야 한다.' 예는 역지사지(易地思之)의 '배려와 사랑'이다. 상대방을 의식하고 남에게 부담을 주지 않는 데서 출발한다. 사람을 만날 때 밝은 표정으로 대하라. 친한 사이라도 예의를 지키고, 프라이버시(남에게 알리고 싶지 않은 개인 비밀)를 존중하라. 예절의 목적은 더불어 살아가는 사회에서 원만한 대인관계를 유지하려면 서로 약속해 놓은 방식을 따라야 한다. 예절에는 일상생활 예절이 있고, 부모와 자녀 사이, 국기, 국가, 국가원수에 대한 예절,

인터넷 예절이 있다.

TiP 부모가 자녀에게 가르쳐야 할 예절

① 우리는 어린이에게 경어(…해주십시오. 고맙습니다. 실례합니다. 미안합니다. 죄송합니다. 천만에요)를 가르쳐야 한다.
② 인사할 때 예절을 가르쳐야 한다. 미소로 인사하면 만나서 반갑다. 당신이 좋다. 우리는 한 편이라는 메시지가 전달된다.
③ 말할 때의 예절(머리 끄덕이기, 맞장구치기)을 가르쳐야 한다.
④ 식사예절을 가르쳐야 한다.
⑤ 손님 대접 예절을 가르쳐야 한다.
⑥ 시간과 장소에 상관없이 지녀야 할 예절을 가르쳐야 한다.
⑦ 다른 사람의 집을 방문했을 때의 예절을 가르쳐야 한다.
⑧ 웃 어른에 대한 예절을 가르쳐야 한다.
⑨ 운동할 때 예절을 가르쳐야 한다.
⑩ 전화를 사용할 때의 예절을 가르쳐야 한다.

예의는 인간관계에서 서로에게 함부로 하지 않는 것이라면 범절은 상황과 때, 그리고 환경과 장소에 맞는 언행을 하는 것이다. 예의범절(禮儀凡節)은 에티켓(etiquette)이며, 좋은 매너(good manners)이다. 예의범절은 가정에서부터 습득해야 한다. 가정에서 예의범절을 습득하지 못한 사람은 사회생활에서 문제가 될 수 있다. 예의범절은 타인을 대할 때의 마음가짐과 태도다. 남녀 간의 예의, 복장, 소개, 결혼, 흉사, 자리순서, 평지, 경례, 경청, 식사예법 등 생활전반에 적용된다. 이러한 예의범절은 부모로부터 배우고 학교생활에서 또래집단 가운데 다지며,

사회생활에서 실천함으로써 인성의 덕목으로 습득되고 실행되어야만 한다.

부모는 가정에서부터 자녀에게 차분히 앉아서 눈을 맞추는 법, 부드럽고 공손하게 말하는 법, 어른에게 인사하는 법을 가르쳐야 한다. 아이는 이런 걸 보면서 저절로 예의범절을 익히고 배우게 된다. 예의범절조차 사교육으로 해결하려 들면 안 된다. 가장 중요한 것은 부모 스스로가 어떻게 남을 대하는지를 평소에 보여 주어야 한다.

2) 효(filial piety), 모든 윤리 도덕의 기본

효는 동서고금을 막론하고 인간의 기본덕목이자 인성교육의 시작이다. 효는 부모를 섬기는 자식의 도리다. 제5계명은 말한다. "네 부모를 공경하라. 그리하면 네 하나님 여호와가 네게 준 땅에서 네 생명이 길리라"(출 20:12). 우리가 살아가고 있는 사회가 정말 건강한 구조를 이루기 위해서 노인들은 젊은이들을 부모의 마음으로 사랑하고, 젊은이들은 노인들을 자신의 부모처럼 존경하고 공경하여야 한다.

효 교육은 밥상머리 교육에서 시작하여 문안 인사하기가 시작이다. 또한 효는 집안의 어른에게 들어오고 나갈 때 인사하는 것, 선물로 음식이 들어왔을 때 어른의 입회하에 개봉하는 것, 어른이 먼저 시식하는 것, 먹기 전에 어른이 먼저 권하는 것 등의 교육이 중요하다. 부모 공경에는 차별이 없다. 사람은 누구나 자기 부모에게 효도하고 공경하여야 한다. 제5계명을 어기는 자에게는 하나님의 무서운 심판이 임하게 된다(그 아비나 어미를 저주하는 자는 반드시 죽일지니라: 출 21:17; 잠 30:17). "자녀들아 주 안에서 너희 부모에게 순종하라. 이것이 옳으니라"(엡 6:1). 부모에게 순종하는 것이 우리가 이 땅에서 잘 되고 장수하는 길이다.

효(가정) → **예**(사회) → **충**(국가): 화목한 가정이 건전한 사회를, 화목한 가정과 건전한 사회가 부강한 국가를 형성할 수 있게 한다. 부모는 마땅히 자식을 사랑해야 하고 자식은 마땅히 부모에게 효도해야 한다. 효도(孝道)는 예(禮)와 충(忠)의 기초다. 가정에서 지켜야 할 효는 사회에서 지켜야할 예의 기초가 된다. 효도의 구체적 행동들(실천)은 ① 감사하고 ② 순종하며 ③ 부모님을 잘 봉양해야 한다.

경로효친의 하위영역은 경로, 효, 우애다. 경로는 노인에게 자리 양보하기, 경로석 비워두기, 물건 들어올리기, 노인에게 길 안내하기, 웃어른에 대한 정중한 언행 등이다. 효는 부모에 대한 공경이자 부모의 신뢰에 대한 자녀의 진실한 응답이다. 경로와 효가 아래로부터 위로의 인간관계에 중점을 둔 것이라면, 우애는 주로 수평적인 관계로 형제관계, 친지간의 우애 등의 내용을 포함하고 있다. 이와 같은 근본 예의는 인성교육의 기초이자 근본 내용이 되어야 한다.

3) 정직(진실: honesty; integrity)

"어떤 상황에서도 생각과 말, 그리고 행동을 거짓 없이 바르게 표현하여 신뢰를 얻는 것"을 말한다. 마음에 거짓이나 꾸밈이 없이 바르고 곧은 마음이자 태도다. 진실성은 자신의 내면의 상태, 의도, 행위를 사적으로든 공적으로든 정확하게 드러냄으로써 자신에게 솔직해지려고 노력하는 인격적 특질을 의미한다. 이것은 거의 모든 사람이 동의하는 기본적인 인격적 덕목이다. 정직(신용)은 교육의 본질이다.

정직은 진실하고 공정하게 의사소통하고 행동하는 것으로서, 진실을 가장 큰 가치로 여긴다. 정직은 자기 자신뿐 아니라 타인과의 관계에서도 중요한 가치로서 상호 신뢰와 친밀함의 기초가 되는 중요한 덕목이다.

정직한 사람이 되는 관건은 성실함(integrity)의 의미와 정직과의 관계를 제대로 이해하는 데 있다. 정직이라는 말은 '완전하다'(integral)는 라틴어에서 유래했는데, '전체 또는 나누어지지 않는'이라는 뜻이다. 완전하다는 것은 완전한 사람이 되는 것, 즉 정직과 높은 도덕적 규준을 갖추는 것을 의미한다. 진리와 의에 대한 바르고 곧은 마음 상태를 말한다. 갈등이 있는 상황에서도 정직하게 말하고 행동하는 표현 능력을 키운다. 양심의 기능을 살려 도덕적인 가치를 선택할 수 있는 분별력을 키운다. 정직이 최선의 정책이다. 거짓말해야 할 것 같으면 아예 침묵한다. 손해를 보더라도 정직을 말하고 행동한다. 우리의 교육을 참으로 건질 뜻이 있다면 우리의 가장 큰 원수인 거짓을 버리고 가슴 가운데 진실과 정직을 가장 소중한 가치로 섬기지 않으면 안 된다(박의수, 2015).

진실성, 정직성의 반대말은 사기성, 거짓말을 잘함, 위선적임, 불성실성 등 모두 부정적 의미를 담고 있다. 교육개혁을 가로막고 있는 것도 부정과 거짓과 불신이다. 정직하지 못하다는 건 곧 사기꾼이 된다는 것이고, 정직하지 못하면 결국엔 대가를 치르게 된다.

우리는 왜 정직해야 하는가? 정직하게 사는 인생이야말로 더 풍성하고, 의미가 있으며, 더 큰 보상을 받게 되는 것이다.

우리가 정직해야 하는 여섯 가지 이유

① 정직하게 살면 우선 마음이 평화로워진다. 마음의 평화 그 하나만으로도 정직해야 할 이유가 충분하다고 생각한다.

② 정직은 인간이 갖고 있는 특성 중에서 가장 경탄할 만한 것이다. 어떤 습관도 정직만큼 인격과 명성을 가져오는 것은 없다.

③ 정직과 믿음(신뢰)은 좋은 관계를 맺고 발전시킬 수 있는 분위기를 조성해 준다. 우리가 정직하지 못할 때 다른 사람들과의 관계가 깨진다고 한다면, 정직은 오히려 그 관계를 굳게 해 준다.

④ 우리에게 가장 깊이 내재되어 있는 욕망은 바로 '완전함'에 대한 갈망이다. 인간이 갖고 있는 이 욕구가 충족될 때까지 우리는 공허함을 느끼게 될 것이다. 이를 만족시킬 수 있는 유일한 방법은 바로 성실함이다.

⑤ 우리가 정직하지 못할 때 여러 가지 정신적, 심리적 문제가 발생한다. 때문에 정직은 우리가 정신적으로 건강해지기 위한 필수요건이다. 부정직한 생각이나 행동이 우리의 신경체계를 공격해서 파괴시킨다면, 정직은 오히려 이를 강화시켜 준다.

– 할 어반, 2005

부정직의 대가(cost)

　정직하지 않은 것은 마치 암과 같아서 처음에는 사소한 것처럼 시작되지만, 일찍 발견되거나 근절되지 않으면 우리가 완전히 파멸할 때까지 계속 우리에게 힘을 행사한다. 정직하지 못하면 분명히 우리는 대가를 치르게 된다. 부정직이 우리에게 어떤 영향을 끼치는지를 살펴보자.

① 한 번 정직하지 못하면 악순환이 이어진다. 일단 거짓말을 하면 그것을 합리화하기 위해 다시 거짓말을 하고 싶은 유혹을 떨쳐 버리기가 쉽지 않다.

② 정직하지 못하다는 건 곧 사기꾼이 된다는 것이다. 거짓말이나 불평을 하다보면 그로 인해 자신의 참모습을 잃기 쉽다.

③ 정직하지 못하면 결국엔 대가를 치르게 된다. 부정직은 마치 죽음으로 향해 가듯이 어두컴컴한 뒷길을 가는 것과 같다. 올 것은 언젠가는 오게 되어 있다. 어두움은 반드시 빛 가운데 드러나게 되어 있다.

④ 정직하지 않았을 경우 그 사실을 감추기란 쉽지 않다. 다른 사람이 거짓말을 할 때나 우리가 거짓말을 할 때나 사람들은 그 신호를 알아차린다.

⑤ 인간관계에서 정직하지 못하면 관계는 깨진다. 일단 신뢰가 깨지면 관계는 깨지게 마련이다. 신뢰 없이는 좋은 관계를 맺고 유지할 수가 없다.

⑥ 정직하지 않게 되면 신경체계까지 파괴시킨다. 연구 결과 우리가 거짓말을 하려고 마음먹으면 우리 몸의 신경체계가 막대한 스트레스를 받는다는 것이 밝혀졌다.

⑦ 정직하지 못했을 경우 일이 뜻대로 되지 않는다. 부정직은 우리의 성장과 발달을 방해한다. 우리가 다른 사람을 믿을 수 없고, 다른 사람들이 우리를 믿음으로써 우리가 얻게 되는 만족감을 느낄 수 없다. 이것은 우리 자신이 정직하지 못할 때 받게 되는 최악의 벌이다.

① 아무도 없어도 옳은 일을 선택할 수 있는 용기, 손해가 되더라도 진실을 이야기할 수 있는 용기라고 가르쳐라.
② 부모가 먼저 정직의 신념을 확고히 하고 자녀에게 모범을 보이라.
③ 속임수나 거짓말이 어떤 결과를 가져오는지 올바로 알려주라.
④ 아이가 정직하지 못한 행동을 했을 때는 그 자리에서 짚고 넘어가라.
⑤ 자신감 있는 눈빛과 말투, 그리고 자세를 가르치라.
⑥ 정직하지 못한 행동을 했을 때는 벌을 주고 정직한 행동에 대해서는 칭찬해 주라.

약속은 신뢰의 바탕이 된다. 한 번 약속을 어기면 신뢰도는 급격히 떨어진다. 신뢰가 없는 사람은 결코 사회에서 성공할 수 없다.

37년차 경찰공무원 김석돈(2016) 서산경찰서장은 행복한 삶을 위한 첫 번째 가치는 정직이라며 『즐거운 정직』이라는 책을 출판했다. 그는 "행복을 찾으려 하지 말고 정직한 사람이 되어라. 정직이 행복이다"라고 주장하고 있다.

4) 책임감(responsibility)

책임감은 내가 해야 할 일들이 무엇인지 알고 끝까지 맡아서 잘 수행하는 태도다. 책임감은 사회생활 적응을 위해 전통적으로 중요시해 온 기본적 가치다. 책임감은 일에 대한 성실성과 근면성을 말하는데, 책임감이 강한 사람은 독립심이나 정의감을 공유하고 있다. 책임감은 맡은 일을 끝까지 완수하는 데서 오는 자신과 타인에 대한 신뢰감을 형성한다. 책임감은 건강한 자존감을 바탕으로 다른 사람의 관점이나 입장을 잘 이해하고 사회적인 갈등과 문제 해결에까지 적절히 관여할 수 있는 능력이다. 해야 할 일과 하지 말아야 할 일을 분별할 수 있는 도덕적 분별력을 키운다.

책임감은 자기와 다른 사람을 돌보는 것은 물론 맡은바 본분을 바르게 수행하게 되며, 공동체에 헌신하게 하고, 고통을 줄이고 더 나은 세상을 만들게 하는 원동력이다. 책임감은 ① 자신의 의무를 받아들이는 것, ② 상황이 요구하는 대로 올바른 행동을 하는 것, ③ 자신의 행동에 대한 책임을 받아들이는 것을 의미한다.

책임성은 자신이 행한 일의 의도와는 상관없이 혹은 의도와 다른 결과에 대해 정신적, 도덕적, 혹은 법률에 의한 죄의식, 비난, 제재 또는 손해를 감수하는 것을 의미한다. 책임성은 법이나 규칙을 따르는 것만이 아니라 도덕적 책임의식을 함께 생각하는 것이다. 서로 보살피고 배려해야 할 우리의 적극적인 책무다. 2014년 세월호 참사는 책임의식 회피와 결여에서 비롯된 대표적 사례다.

어느 누구도 자신을 위해 인격을 대신 형성시켜 줄 수는 없다. 안네 프랭크(Anne Frank)가 말한 대로, 한 인간의 최종적인 인성 형성은 그들 자신에게 달려 있다. 부모와 선생님들이 아이들에게 옳고 그름을 가르치고, 훌륭한 모범을 제공하며, 그들이 될 수 있는 최선의 사람이 되도록 격려해 줄 수는 있다. 하지만 인격 형성의 내면적 작업(선택과 노력)은 본인이 하는 것이므로 좋은 습관과 좋은 인성 형성의 책임은 자기 자신에게 있는 것이다. 우리는 아이들 스스로가 자신의 인격 형성에 책임이 있다는 것을 확신시킬 필요가 있다.

자기 책임의 중요성에 대한 인식 및 자기효능감을 바탕으로 인성 함양을 위한 과정에서 반드시 실천되어야 할 필수조건은 자기반성과 성찰이다. 우리는 자신의 삶이 머물러야 할 최선의 상태에 대해 성찰하면서 자신의 삶을 지속적으로 반성해야 한다.

자기절제력(self-discipline)을 키워 주는 것도 책임감을 키워 주는 일에 중요한 부분을 차지한다. 절제는 자신의 행동, 정서, 사고를 자기 스스로 통제하는 능력을 의미하며, 자기조절과 의사결정에서의 효율성과 밀접한 관계가 있다. 감성지수(EQ)는 '즉각적인 만족을 지연하는 능력'을 포함한다. 욕구 충족을 지연시키는 것은 학생들로 하여금 좋은 점수를 받을 수 있게 해주며, 청소년기에 순결을 지킬 수 있게 해주고, 청년이 되었을 때 좋은 직업을 가질 수 있게 해준다.

부모는 자녀에게 자유와 책임을 적절하게 부여하는 인성교육을 해야 한다. 자녀가 보상과 책임성, 자율과 책임성을 적절하게 경험할 수 있도록 양육해야 한다. 책임감 있는 자녀로 키우기 위해서는 어려서부터 옳고 그름을 배우고 선과 악을 헤아릴 수 있는 '분별력'이라는 덕목을 가르쳐야 한다. 이영숙(2010)은 부모가 자녀에게 책임감을 키워 주도록 다음과 같이 제안하고 있다. ① 좋은 모범을 보이라. ② 친밀한 관계를 유지하라. ③ 부모의 가치관을 자주 이야기하라. ④ 좋은 행동을 기대한다고 말하라. ⑤ 가정의 규칙과 약속들을 설명해 주라. ⑥ 생각을 변화시킬 수 있는 질문을 사용하라.

부모의 모습을 보면서 자녀들은 말하지 않아도 스스로 자신이 해야 할 책임감을 배우게 된다. 책임감 있는 아이에게는 일일이 공부하라고 잔소리를 할 필요가 없다. 자신의 목표를 이루고 자신의 인생을 스스로 책임지기 위해 스스로 공부 계획을 세우고, 자신과의 약속을 지키기 위해 그 계획에 따라 공부하기 때문이다. 책임감은 자기 주도적 학습이 가능하도록 해준다.

무엇보다 자신의 감정에 책임을 지는 법을 가르치고 배워야 한다. 특히 분노를 조절하는 법을 가르쳐야 한다.

화가 나면, ① 일단 피해야 한다. 급성 스트레스 반응이 일어나면서 심장이 두근거리고 숨이 가쁘고 온몸의 피가 근육으로 몰려가 뻣뻣하게 경직되는 순간이 오면 현장을 벗어나는 것이 상책인 것이다. 패가망신할 수 있는 상황을 일단 피한 뒤에는 ② 생각을 정리한다. 정말 화를 낼 만한 일인지, 내가 상황을 오해한 것인지 차분하게 따져본다. 그 다음 ③ 분노 폭발의 결과를 예측해 본다. 한 바탕 퍼붓고 나면 일순간 후련할지는 몰라도 문제 해결엔 도움이 안 된다는 것을 알게 될 것이다. 험한 말을 쏟아내는 것은 오히려 파워를 얻고자 하는 나약함에서 나오는 것이다.

④ 현명하게 자신의 의사를 표현하는 법을 배운다. 직접적이고 솔직하되, 남의 입장도 배려하는 화법을 통해 진정 내가 원하는 것을 얻

을 수 있다는 것을 깨달아야 한다. 상대를 비난하거나 자존심에 상처를 입히면 당장은 이긴 것 같아도 내게 남는 건 아무것도 없다. ⑤ 오늘로 끝낸다. 묵은 감정의 찌꺼기는 또 다른 분노를 낳는다. 상황에 대한 원망이나 자책은 상대에 대한 증오심만 키울 뿐이다. 문제가 해결되었으면 빨리 털어 버리는 것이 낫다.

⑥ 그래도 나는 괜찮은 사람임을 자각한다. '난 잘났고 뭐든지 할 수 있어'가 아니다. 오히려 반대다. 나를 있는 그대로 보고 부족한 점까지도 받아들이며, 내 자신을 있는 그대로 사랑하는 '자기존중감'을 가져야 한다. 자기 존중에서 분노를 조절할 수 있는 힘을 얻는다. 인정받고 싶은 욕구가 지나치게 강하거나, 너무 높은 목표의식은 오히려 병적인 열등감을 만들기 쉽다. ⑦ 분노를 제대로 조절하려면 폭발 전에 알아채고 '타임아웃'(Time Out)에 들어갈 수 있는 연습이 필요하다.

5) 존중(respect)

존중이란 말은 seeing, viewing이라는 의미의 라틴어에서 나왔다. 사실 존중이란 '자기 자신이나 상대방을 공손하고 소중하게 대함으로 그 가치를 높여 주는 태도'다. 세상에 존재하는 것 중 생명만큼 아름답고 존귀한 것은 없다. 평소 부모는 자녀와의 원만한 관계유지에 힘써야 함은 물론, 아이들에게 성적보다 존엄하고 귀중한 생명존중 사상을 가르쳐야 한다. 스스로에 대한 인정과 존중을 받은 아이는 자기 자신과 세상을 존중하는 마음을 갖게 되고 결국 그 안에 속한 자신의 모든 것을 존중히 여기고 소중하게 생각할 수 있는 사람으로 성장해 나간다.

"학생들의 불안장애, 부진한 사회적응, 충동적 과식, 학업성적 부진, 부정행위, 우울증, 폭력을 비롯한 비행, 알코올 및 마약중독 등의 원인이 낮은 자존감(자존감의 결여)에 있음이 밝혀지고 있다. 자존감의 결여가 어린이들이 가진 모든 문제의 원인으로 간주되었다. 즉, 청소년들의 거의 모든 사회적 문제는 자존감 결여가 그 원인이었다"(Les Parrott).

"나는 지난 40년간 내가 상담한 내담자들 중에 공통분모가 무엇인가를 찾아보았다. 사람들의 불평이 무엇이든지 간에 나는 언제나 그들의 표면적 문제 뒤에 부족감, 수치심, 죄책감, 즉 낮은 자존감이 있다는 것을 발견했다. 모든 내담자에게 분명한 자아용납과 자기확신, 자기사랑의 결여가 발견되었다. 이들의 공통분모는 낮은 자존감이었다. 모든 판단(평가) 가운데, 우리가 자신에게 내리는 판단보다 더 중요한 것은 없다"(Nathaniel Branden).

존중이라는 말 자체는 "가치를 인정하고, 높이 생각하며, 진실로 존경하는 것을 뜻한다." 그래서 자존감은 정말로 자기를 존경하는 것이다. 자기존중감은 다른 사람들의 의견이 어떻든 상관없이, 우리 자신에 대해 우리가 어떻게 느끼는가에 의해 결정된다. 진정한 자존감은 바로 우리 자신으로부터 받는 존경에서 출발한다.

자존감은 다른 사람으로부터 받을 수 있는 것이 아니다. 실제로 우리의 생각이나 행동을 통해서 얻을 수 있는 일종의 부산물이다. 우리 자신에 대한 만족은 바른 일을 하고, 바른 사고를 했기 때문에 가능했던 것이다. 따라서 자존감이란 살아가는 과정에서 자연스럽게 얻을 수 있는 것이다(할 어반, 2005).

먼저 우리는 우리 자신을 존중하는 법을 배워야 한다. 자신을 존중할 때 다른 사람을 존중하기 때문이다. 자기존중감은 어디서 오는가? 그것은 우리 안에 있는 신념에서 비롯된다. 즉, 우리는 가치가 있고 능력이 있으며, 사랑스러운 인간으로서 성공할 것이라는 믿음에서 오는 것이다. 이러한 믿음은 우리 자신을 소중하고 귀하게 여기는 것으로서 자기존중감이라고 부른다. 자신에 대해 좋게 생각할 때, 성공할 수 있는 좋은 기회를 가졌다고 생각할 때, 우리는 위험을 감수할 수 있는 용기를 가지게 되는 것이다.

존중은 가족회의나 토론 상황에서 다음과 같은 태도로 나타난다.

어떤 사람이 이야기할 때는 모두 잘 경청해 준다.

말하는 사람이 이야기를 마칠 때까지 기다린 다음에 자기 이야기를 한다.

다른 사람의 생각을 모욕하거나 무시하지 않는다.

대인관계에서 존중이란 다음과 같은 행동이나 태도로 나타난다. ① 아동 학대, 아내 구타, 노동자 착취, 성적 유혹 등으로 상대에게 해를 입히지 않는 태도를 보인다. 무례한 행동을 하지 않는다. ② 상대에게 도움이 되는 지식과 기술에 정통해야 한다. 유능하고 전력을 다한다. ③ 상대방을 위하며 상대를 배려하고 있다는 사실을 보여 주어야 한다. 자신의 태도와 행동을 통해 '당신은 내 시간과 정력을 바칠 가치가 있다'고 말하듯 대해야 한다. ④ 존중이란 상대방의 세계로 들어가 그가 주저하는 이유를 이해하고 그가 이를 극복하도록 기꺼이 도와주는 것을 말한다. 말투, 연령, 경제적 지위, 교육수준, 성, 직업, 정치적 신념, 종교, 문제 상황을 이해해 주는 것을 의미한다.

고개를 끄덕이거나 미소 짓기, 감탄하는 눈짓 또는 "대단하다", "훌륭해", "정말 잘했어", "너 때문에 참 행복해"라고 말하는 것도 상대방의 인격을 존중하는 구체적인 방법이 된다. 칭찬할 때는 성과보다 성품을 칭찬해야 한다. 결과보다 과정을, 지능보다 노력을 칭찬해야 한다. 무조건 "참 잘했다. 넌 과연 똑똑한 내 아들이야"라는 말은 나쁜 칭찬이다. "네가 이 어려운 문제를 포기하지 않고 끝까지 인내하면서 잘 풀어냈구나. 열심히 노력하며 최선을 다하는 모습이 좋구나"가 더 좋은 칭찬이다.

아이를 자존감 있는 아이로 키우는 것은 부모가 자녀에게 해줄 수 있는 가장 귀한 선물이다(T. Berry Brazelton).

우리가 남을 존중해 주면 다음과 같은 경험을 할 수 있다(할 어반, 2005).
- 사회성과 습관을 효과적으로 개발할 수 있다.
- 다른 사람의 기분을 좋게 해준다.
- 우리 자신이 다른 사람들로부터 존경을 받는다.

- 다른 사람들과 좋은 관계를 형성하게 된다.
- 다른 사람들로부터 더 좋은 대접을 받게 된다.
- 우리 자신의 자존감을 높일 수 있다.
- 다른 사람들로부터 좋은 평판을 얻게 된다.

6) 배려(caring & considerations)

배려란 기본적인 윤리현상으로 상호관계를 맺고, 상대방의 입장에서 느끼는 것을 말한다. 나와 다른 사람 그리고 환경에 대해서 사랑과 관심을 갖고 잘 관찰하고 보살펴주는 것이다. 주변 사람을 도와주거나 보살펴주려는 마음이다. 배려는 나를 잘 배려하는 것부터 시작된다. 나를 존중하면서 배려할 수 있는 사람만이 다른 사람과 환경까지도 배려할 수 있는 마음을 가질 수 있다.

나눔과 배려는 그 행위 자체만으로도 아름답다. 배려는 웃어른, 약자, 없는 자뿐만 아니라 아랫사람, 강자, 있는 자에게도 베풀어야 할 인성덕목이다. 우리는 타인에 대한 배려가 얼마나 가슴 따뜻한 일인지 모두가 잘 알고 있다. 부부간의 배려, 부모 자식간의 배려, 형제간의 배려는 가족공동체를 한데 묶어 주는 근간이 된다. 가족 간의 배려 없이는 사회에 대한 배려도, 남에 대한 배려도 기대할 수가 없다. 따라서 부모는 우리 아이만 제일이 아니라, 내 자녀가 소중하듯 남의 자식도 소중하다는 인식을 아이에게 심어 주어야 한다. 우리나라에서 지하철이나 에스컬레이터를 탈 때 한 줄 서기를 시행하는 것도 급한 사람들을 위한 작은 배려가 반영된 사례다. 지하철에서 다리를 벌리고 앉아 옆사람에게까지 불편을 끼치는 사람을 흔히 쩍벌남이라고 하는데 이들은 상대방에 대한 배려가 없다.

이영숙(2011)은 배려를 잘 하기 위해서는 세 가지 마음이 필요하다고 했다.

(1) **돋보기 마음**: 돋보기로 자세히 들여다보듯 다른 사람의 필요를 자세히 관찰하는 마음.

(2) **현미경 마음**: 눈에 보이지 않는 것들도 현미경으로 볼 수 있는 것처럼 눈에 보이는 대로 채워 주려는 마음이 아니라 현미경처럼 속에 감추어진 필요를 채워 주려고 노력해 보는 마음.

(3) **망원경 마음**: 멀리 있는 사물을 아주 가까이 볼 수 있는 망원경처럼 멀리 있는 필요들도 가까이서 미리 보는 마음.

배려는 마음의 배려를 시작으로 언어적 배려, 경제적 배려, 시간적 배려, 봉사하는 노동의 배려로 실천적이고 경험적이어야 한다. 이타적 마음인 '배려'를 실천하기 위해 필요한 태도는 다음과 같다.

① 다른 사람의 말과 행동을 잘 관찰하여 듣는 경청(attentiveness)의 태도가 필요하다. ② 다른 사람의 기분을 이해하고 상냥하게 대해 주는 긍정적인 태도가 필요하다. 긍정적 태도란 '어떠한 상황에서도 가장 희망적인 생각, 말, 행동을 선택하는 마음가짐'이다. ③ 어려움 속에서도 불평하지 않고 즐거운 마음을 유지하는 기쁨의 태도가 필요하

다. 기쁨이란 '어려운 상황이나 형편 속에서도 불평하지 않고 즐거운 마음을 유지하는 태도'다. ④ 다른 사람을 위해 생각한 것을 기쁘게 행동으로 옮기는 태도가 필요하다. 진정한 배려는 생각한 것을 실천으로 옮기는 것이다. 배려는 상대에 대한 친절로 나타난다. 배려의 덕목은 어느 날 갑자기 습득되기보다는 어린 시절부터 꾸준하게 실천할 때 자연스럽게 나타나는 인성의 덕목이다.

7) 소통(communication: 사회지능)

사람과 사람 사이에 맺는 모든 관계의 기본은 대화, 즉 소통에 의해서 형성되고 유지된다. 소통은 서로 잘 통하는 것을 말한다. 공감과 소통의 능력은 자신과 이질적인 배경을 가진 타인들에 대해서 의사소통할 수 있는 능력을 의미한다. 그렇기 때문에 소통 능력이란 바로 인간관계를 맺고 오래도록 유지하는 능력이라 할 수 있다. 다른 사람들과의 관계에서 친밀감과 신뢰감을 형성할 뿐만 아니라 그들에게 영향력을 행사할 수 있는 개인적 능력을 의미한다.

한 조사에 따르면 성공한 사람의 97%가 성공의 가장 중요한 요소로 인간관계를 꼽았다고 한다. 소통의 유용성은 다른 많은 사람들의 지식과 생각을 들을 수도 있고 또한 그것을 바탕으로 자신의 지식과 생각을 확장시킬 수도 있다. 소통을 통해 보다 확장된 지식과 생각이라는 원재료를 활용해야 독창성도 나온다(이영권, 2011).

의사소통은 자기이해지능과 대인관계지능을 전제로 한다. 자기이해지능은 자신의 생각과 느낌과 감정 상태를 스스로 파악하고 통제하는 능력과 관계된다. 대인지능은 다른 사람의 마음 상태나 의도를 파악하고 대인관계를 맺고 유지하는 능력과 관계된다. 자기이해지능과 대인지능이 높은 사람은 공감적 소통을 더 잘할 가능성이 많다. 그러나 타고난 지능과 상관없이 누구나 학습을 통해서 소통 능력을 향상시킬 수 있는 것이다.

모든 종류의 소통에는 두 가지 차원이 있는데, 하나는 내용(메시지)의 차원이고 다른 하나는 관계 형성과 유지의 차원이다. 모든 소통에는 메시지 전달의 기능이 있고 또 동시에 그 소통을 하는 사람들의 관계에 영향을 미치는 기능이 있다. '보고적 말하기'(report talk)와 '관계적 말하기'(rapport talk)라고 구분하기도 한다.

TIP 대화 기술 10가지

우리가 배워야 할 대화기술을 ① 듣고 듣고 또 듣는 이해기술 ② 사랑을 담아 진실을 말하는 표현기술 ③ 부드럽게 말하고 너그럽게 듣는 토의기술 ④ 잘못된 대화패턴을 바꾸는 코칭 기술 ⑤ 모든 대화기술이 필요한 갈등해결기술 ⑥ 자신의 성숙과 안녕을 위한 용서기술 ⑦ 이해와 공감을 기초로 한 문제해결기술 ⑧ 나를 먼저 바꾸고 남의 변화를 돕는 변화기술 ⑨ 생활 속에서 지속적으로 실천하는 생활화기술 ⑩ 배운 대화기술을 내 기술로 만들어주는 유지 기술로 나누어 설명하고 있다.

― 『마음을 움직이는 10가지 대화기술』(정정숙, 2016)

부부간에도 상대방이 한 말을 무시하거나 주제를 바꿔 버리는 '**멀어지는 대화**'나 상대방의 말을 반박하거나 비웃는 '**원수 되는 대화**'를 하지 말고, 상대방의 말에 호응하거나 공감하는 '**다가가는 대화**'를 하도록 해야 한다. 다가가는 대화는 마음을 여는 대화이고, 멀어지는 대화와 원수 되는 대화는 마음을 닫는 대화다. 다가가는 대화는 상대방이 한 말에 호응하며 대답하거나, 공감해 주는 것이다. 고개를 끄덕이기만 해도 다가가는 대화가 된다. 부부문제 전문가 가트맨에 의하면, 멀어지는 대화나 원수 되는 대화를 할 때는 스트레스가 올라가고, 다가가는 대화를 할 때는 스트레스가 내려간다.

가장 훌륭한 자녀교육이란 자녀와 소통하는 방법을 찾아가는 과정이며, 또한 공감할 수 있는 주제를 서로가 공유하는 것이다. 밥상머리는 부모가 자녀에게 물려줄 수 있는 가장 소중한 선물이요, 유산이다.

공감(empathy)은 '다른 사람의 감정이나 생각을 감지하고 그것을 상대방의 입장에서 대신 경험하는 인지적 과정'이다. 상대방과 나의 감정 코드를 맞추는 것이다. 상대방의 입장을 헤아릴 수 있는 역지사지(易地思之)의 능력이며, 상대방의 입장에서 상대방의 느낌이나 감정에 집중하고 공감하는 것이다. 공감인지 능력이 바로 소통하는 능력이다. 공감은 "그 대상이 되어 감정을 느끼는 것"을 의미한다. 실제로 경험하지 않아도 다른 사람의 처지를 이해하는 능력이다. 상대방이 울 때 같이 울어주고 기뻐할 때 같이 기뻐해 주는 것이 감정코드를 맞추는 것이다.

공감 능력이란 쉽게 말해, 내가 이런 말을 했을 때 저 사람 기분이 어떨까를 미리 헤아려서 상대가 기분 나쁘지 않게 하는 것이다. 내가 이런 말을 했을 때, 상대방이 행복할지, 불행할지를 미리 헤아려야 서로 친구가 되는 것이다.

공감과 소통심리는 우선적으로 자신과의 소통과 공감, 나와 다른 사람과의 소통과 공감, 나와 우리(공동체)와의 공감과 소통, 그리고 그것들(자연, 일, 사물)과의 소통이다.

내가 소중하듯이 다른 사람도 소중하고 내 기분이 중요한 것처럼 다른 사람의 기분도 중요한 것이라는 것을 가르쳐 주는 것이 바로 인성교육이다. 경청은 타인의 가치를 인정해 주는 가장 중요한 의사소통 방법이다. 주의집중(attentiveness) 또는 경청(listening)은 상대방의 말과 행동을 주의 깊게 들어 그 사람이 얼마나 소중한지 인정해 주는 것이다.

의사소통을 할 때 화자는 청자에게 말과 음조, 신체언어 등 세 가지 통로로 전달한다. 세 가지 통로가 모두 동일한 메시지를 전달한다면 당신의 말은 매우 명확하게 전달되고 큰 영향력을 나타낸다. 그러나 우리가 하는 말이나 음조나 신체언어가 일치하지 않고 따로 따로 표현될 때, 우리는 이중 메시지 또는 혼합된 메시지를 전달하게 된다. 예를 들어, 우리는 자녀에게 적절한 음조로 "사랑한다"는 말과 함께 입 맞추기, 등을 토닥거려 주기, 머리를 쓰다듬어 주기, 어깨 위로 껴안아 주기 등의 신체언어를 사용할 수 있다.

한국형 12성품교육의 창시자 이영숙(2011)은 공감인지 능력과 분별력을 인성교육의 핵심덕목으로 제시하고 있다. 공감인지 능력이란 "다른 사람의 기본적인 정서, 즉 고통과 기쁨, 아픔과 슬픔에 공감하는 능력으로 동정이 아닌 타인에 대한 이해를 바탕으로 하여 정서적 충격을 감소시켜 주는 능력"이다.

이영숙은 공감인지 능력을 함양하도록 교육하는 방법으로 다음 네 가지를 제시하고 있다.

① 무례한 행동에 대해 즉시 지적하는 것이 중요하다. 교사나 부모가 옳지 않은 태도와 행동에 엄격하게 반응하는 태도를 가지면 학생 스스로 행동을 변화시킬 가능성이 높아진다.

② 자신이 한 행동의 결과를 알게 한다. 다른 누군가의 입장이 되어 무례한 대접을 받으면 어떤 기분이 들지 생각하도록 도와준다.

③ 무례한 행동을 용납할 수 없는 이유를 설명해 준다. 또한 학생이 자신에게만 집중된 관심을 타인과 공동체로 돌려, 자신의 행동이 남에게 어떤 영향을 줄지 생각하도록 도와준다.

④ 공감 능력을 갖지 못하는 원인을 찾아본다. 현대사회는 영상매체의 영향으로 잔인하고 폭력적인 행동을 모방하도록 유도할 뿐 공감 능력의 개발을 방해한다. 학생들이 많은 시간을 보내는 가정과 학교생활에서 부모와 교사가 공감하는 모범을 보여 주는 것이 학생들에게 공감 능력을 가르치는 가장 좋은 방법이다.

특히 아이들이 부정적 감정이 있을 때는 그 감정이 무엇인지 설명하고 말하도록 교육하고 습관화하는 것이 좋다. 감정을 기술하고 명명하면 감정의 정화 효과가 일어난다. 그러면 분노나 질투심 등에 의한 우발적인 폭력이 줄어든다. 공감, 즉 감정 이입은 공격성의 카운터 역할을 한다. 가정과 유치원, 학교에서 협력적 과업을 자주 수행하면 공감 능력이 높아진다고 한다.

대화는 인성(성품)을 가르치는 필수도구다. 대화한다는 것은 상대방의 생각, 마음, 태도를 함께 나누는 것이다. 대화가 되지 않으면 관계가 두절되고 마음이 나누어지고 결국 이별이 따라온다. 대화를 한다는 것은 관계를 맺는 것이다.

부모 코칭 전문가 마이클 폽킨(Michael Popkin, 2007)은 공감 능력을 키워 주려면 자녀에게 폐쇄형 질문(closed questions: 닫힌 질문)보다 개방형 질문(open questions: 열린 질문)을 하라고 권한다. 예를 들면 다음과 같다.

— 닫힌 질문들: "너는 용기가 중요하다고 생각하니?" "두려움은 항상 나쁜 걸까?"
— 열린 질문들: "용기가 중요한 이유가 뭐지?" "만약에 네가 두려움에 져서 결국은 곤란에 빠지게 되는 경우는 언제일까?" "두려움이 필요할 때나 또는 유익할 때는 언제일까?" "용기란 무슨 뜻일까? 단지 물리적인 용기를 말하는 걸까? 아니면 다른 종류의 용기도 있는 것일까?"

- **의사소통을 방해하는 장애물에는 어떤 것이 있는가?**: 첫 번째 장애물은 "상대방의 의도를 미리 단정 짓고 가정하는 태도"다. 두 번째 장애물은 "마음속으로 불평하거나 비판하는 태도"다. 세 번째 장애물은 '편견과 선입견'이다. 네 번째 장애물은 '지뢰밟기다. 사람마다 아픈 부분, 취약한 부분이 있는데 그 부분을 건드리지 말라는 것이다.

- **자존감을 높이는 대화법**: "넌 할 수 있어. 기대할게! 아 그랬구나. 괜찮아 누구나 실수할 수 있어. 괜찮아. 다음 번엔 더 잘할 수 있을 거야. 장하다. 나는 네가 자랑스럽다! 엄마(아빠)는 너를 믿는다"와 같은 대화는 자녀의 마음을 열고 자존감을 높여 줄 수 있다. 그러나 "다 너 잘하라고 그러는 거야. 경준이는 잘하던데 너는 왜 그 모양이냐? 학원을 안 보내주니, 문제집을 안 사 주니? 애들이 뭔 고민이 있어? 공부 좀 해라. 커서 뭐가 되려고 그러니?"와 같은 대화는 자녀의 마음을 닫고 자존감을 떨어뜨린다.

감정코칭 전문가 최성애(2014)는 부모와 교사를 축소전환형, 억압형, 방관형, 감정코칭형으로 분류하면서, 부모자녀의 대화유형 차이를 다음과 같이 비교해 설명하고 있다.

1) **축소전환형**: 별것 아니야. 감정묵살형. "넌 지금 슬픈 게 아니야. 뭐 그런 일로 슬퍼할 것까지 있니? 뚝 그치면 이거 줄게."

　아이는 자신의 감정이 옳지 않고 부적절하며 타당하지 않다고 느끼게 된다. 자기가 상황을 느끼는 방식 때문에 자신이 본질적으로 옳지 않다고 생각할지 모른다. 이런 아이는 감정을 조절하는 것을 어려워한다.

2) **억압형**: 그럼 못써. "이 밤중에 누가 울라고 그랬어? 뚝 그치지 않으면 혼날 줄 알아!" "시끄러워 울지 마. 그까짓 걸 갖고 난리야?" "당장 안 그치면 갖다 버린다." "숙제 빨리 끝내. 10분 안에 안 끝내면 혼날 줄 알아!"

3) **방관형(방임형)**: 뭐든 괜찮아. "지환이가 네 장난감 망가뜨려서 걜 때려 줬구나. 그럼 화날 때 주먹이 먼저 나가는 법이지." "슬프면 실컷 울어라. 엄마한테 화나서 욕했어? 그래, 그래, 잘 했어."

　감정을 조절하는 법을 터득하지 못한다. 집중력이 부족하고 친구를 사귀며 다른 사람들과 사이좋게 지내는 것을 어려워한다.

　위 세 가지 유형의 양육 태도는 아이에게 부정적 감정과 스트레스를 주기 때문에 아이가 자신감 결여와 집중력 부족 같은 문제를 겪기 쉽다.

4) **선도형(감정 코칭형)**: 함께 찾아보자. "슬퍼 보이네. 마음이 많이 상했나 보구나. 기분이 나쁜 것 같아 보여." "네가 기분 나쁜 건 알아. 하지만 때리는 건 안 된다. 진환이한테 네가 화나고 속상한 것을 어떻게 표현하면 좋을까?"

– John Gottman

아이는 자신의 감정을 신뢰하게 된다. 감정을 조절하고 문제를 해결하는 방법을 터득하게 된다. 자긍심이 높고 학습 능력이 뛰어나며 다른 사람들과의 관계도 원만하다. 그리고 자신의 감정을 신뢰하고 자신의 감정을 솔직하게 표현할 수 있어서 스트레스를 받지 않는다.

최성애(2014)는 감정 코칭형 부모와 교사가 되기를 원하는 이들에게 5단계 대화법을 제안하였다.

① 먼저 감정을 포착하기 ② 좋은 기회로 여기기 ③ 감정을 들어주고 공감하기 ④ 감정에 이름 붙이기(기쁨, 슬픔, 흥미, 분노, 경멸, 혐오, 공포 등) ⑤ 바람직한 행동으로 이끌기

이영숙(2011)은 억압된 감정을 해소하는 관계 맺기의 방법으로 TAPE요법을 고안하였다. TAPE요법은 네 단계로 구성된다.

① 타인에게 감사의 마음을 전하는 감사하기(thanking) ② 타인에게 용서 구하기(apologizing) ③ 타인에게 도움을 구하는 요청하기(saying Please) ④ 내 마음 표현하기(expressing)

관계 맺기의 비밀 즉 '감사하기, 용서 구하기, 요청하기, 내 마음 표현하기'의 순서로 관계 맺는 효과적인 방법들을 가정에서부터 실천해 보자. 가정에서 인간관계의 소통을 경험해 본 사람들은 사회에서도 사람들과 소통을 잘한다. 좋은 성품을 지닌 사람이 좋은 관계를 맺기 마련이다.

협동은 자신이 속한 집단의 이익을 추구하고자 하는 책임의식으로서 사회나 조직 속에서 자신에게 주어진 임무와 역할을 인식하고 부응하려는 태도를 의미한다. 협동심(협조성)은 사회공동체를 유지하는 기본 덕목이다. 어른들은 아이들에게 "공부를 많이 하건 아니건 모든 사람이 더불어 사는 세상을 만들어야 한다"는 인식을 심어 주어야 한다. 협동심은 두 명 이상의 사람들이 공통의 목표를 달성하기 위하여 상호 지지적인 방식으로 함께 일하는 것이다. 타인에 대한 동기와 감정을 인지하기, 서로 다른 사회적 상황에 적응하기 위해 무엇을 해야 할지 알기, 사람들의 마음을 잘 움직이는 방법 알기를 포함한다.

협동심이 없는 사람은 개인주의, 이기주의에 치우치기 쉽다. 협동심은 공동체를 통해서만 가능하다. 그리고 자신의 인내심 없이는, 그리고 다른 사람에 대한 배려 없이는 절대로 가능하지 않다. 생활 속 교육, 자존감과 더불어 협동심을 길러주는 교육이 교과서 교육보다 더 중요하다. 협동심은 더불어 살아가야 하는 사회 속에서 반드시 필요한 덕목이다.

협동성이 높은 사람은 기본적으로 사람에 대한 친밀감을 갖고 있어서 인간관계를 형성하고 유지하는 데 큰 장점이 있다. 타인을 존중하는 마음도 가지고 있다. 협동정신은 맥락에 따라서 사회적 책임감(social responsibility), 팀워크(team work), 충성심(royalty)이라고 불리기도 한다. 반면에 협조성이 낮으면 자기중심적이고 고독에 빠져 있거나 자폐적인 성향을 보인다. 협동심 또는 시민정신은 태도이며 기술이기도 한 특질로서, 건강한 사회를 위해 필요한 강점일 뿐 아니라 개인의 자기 정체성 인식에도 기여하는 강점이라 할 수 있다.

인간은 본능적으로 접촉과 위로받을 수 있는 유대감을 찾는다. 유대감의 욕구는 타고나는 것이며 학습의 결과는 아니다. 인간은 누군가와 친밀하거나 관계를 맺으면 건강하고 행복해진다. 친밀한 유대감 형성이 행복을 위한 가장 좋은 방법이다. 우리는 누군가와 연결되었을 때 최고가 될 수 있다. 우아한 고립은 먼 행성에서 어울리는 말이지 인간에게 적당한 표현이 아니다. 인간에게 필요한 것은 서로 도움을 주고받고, 서로 의지하는 애착이다(Susan Johnson, 2015).

알프레드 애들러(Alfred Adler)는 사회적 관심(social interest)에 영향을 미치는 사람이 아버지라고 말했다. 아버지가 어머니를 사랑하고, 자신의 일과 사회에 대한 긍정적인 태도와 관심을 갖는 것은 아이에게 사회적 관심을 키워 주는 데 매우 중요한 요소가 된다는 것이다. 사회적 관심의 핵심인 협동심은 자발적으로 발생하는 것이 아니라 적절한 지도와 훈련을 통해서 의식적인 개발이 가능하다. 애들러는 부모가 자녀에게 가르쳐야 할 두 가지 덕목으로 사랑과 협력을 강조하였다.

잘 자란 아이가 갖추어야 할 두 가지만 말하라고 하면 무얼 들겠는가? 건강? 인성? 공부? 무엇보다 나를 알고, 사회를 알고, 역사를 아는 공부를 해야 한다. 나는 자립심(자기주도성, 책임감, 자율성, 자존감)과 이웃과 함께할 수 있는 힘인 협동심 이 두 가지가 핵심이라고 본다(강수돌, 2015).

협동 능력은 아이가 커서 사회생활을 할 때 가장 필요한 능력 중 하나다. 그런데 안타깝게도 우리 아이들은 중·고등학교로 진학할수록 협력적 학습을 꺼리는 경향이 강하다. 국제학업성취도평가(PISA)에 의하면, 우리나라는 조사 대상국 중 협력적 학습지수가 가장 낮다. OECD는 협력적 학습을 21세기의 핵심역량으로 주장하고 있다. 요즘 우리 부모나 교사들은 별로 관심을 두지 않고 있지만, 협동 능력은 아이의 미래를 위한 황금열쇠가 될 수 있다. "타인과 함께하지 않는 삶이야말로 인간이 경험할 수 있는 최악의 질병이다"(Mother Teresa).

나는 무엇보다 아이들이 덜 경쟁적인 방식, 즉 더 많이 협동하는 방식으로 커야 한다고 생각한다. 그러기 위해 학교와 가정만이 아니라 온 사회가 협동하고 연대해야 한다. 취업자와 실업자, 젊은이와 노인, 장애인과 비장애인, 내국인과 외국인, 여성과 남성, 잘 나가는 사람과 뭔가 뒤처진 사람… 이 모든 사람들이 마음의 벽을 허물고 같은 인간이란 관점에서 '더불어 행복'을 추구해야 한다.

사회성 지능과 대인관계 지능은 자신과 다른 사람들에 대한 지식이다. 이 지능이 뛰어나면 다른 사람들의 동기와 감정을 금방 알아채고 그에 맞게 반응할 줄 안다. 또한 기분, 체질, 동기, 의도 등 사람들의 차이점을 쉽게 구별하고 그에 따라 알맞게 행동한다.

사회적 책임감 연구에서 관계지향적인 여자는 사물 감각이 발달된 남자에 비해 더 이타적이고 공감적인 성향을 나타내는 것으로 밝혀졌다.

독서를 통한 학습은 인성교육의 효과적인 수단이 될 수 있다

"사람은 책을 만들고 책은 사람을 만든다"는 말이 있다. 공부는 평생학습이며 독서, 즉 책을 많이 읽는 습관은 인성 형성에 중요한 수단이다. 독서는 한 사람의 인생을 더 나은 방향으로 이끌 수 있다.

인류가 행하고, 생각하고, 얻어낸 모든 것이 책이라는 마법 상자 안에 고스란히 보존되어 있다. 책은 사람들이 선택한 최고의 자산이다(Thomas Carlyle). 좋은 책은 모든 친구들 중에 가장 좋은 친구다. 오늘도 영원히 이것은 변함없는 사실이다(Martin Tupper). 종이책을 읽으면 소소한 즐거움을 경험할 수 있다. 우선 책장을 넘길 때의 촉감이 좋고, 뭐니 뭐니 해도 밑줄 치는 즐거움이 있다. 심리학에서는 이 밑줄 치는 심리적 행위를 '음미하기'(savoring)라고 한다. 마음의 저장고에 오래오래 보관한다(save)는 뜻이다. 사람이 책을 만들고, 책이 사람을 만든다는 말이 있지 않은가! 사람이 만든 책보다 책이 만든 사람이 더 많다! 책 읽는 즐거움을 수시로 만끽하도록 하라.

좋은 책을 읽는 것은 과거의 가장 훌륭한 사람들과 대화하는 것이다(Decartes). 좋은 책을 읽는 것은 수많은 고상한 인물들과 대화하는 것과 같다. 우리는 우리가 읽는 책의 일부분이다. 좋은 책은 많은 의약(醫藥)보다 낫다. 책을 읽는다는 것은 많은 경우에 자신의 미래를 만든다는 것과 같은 뜻이다(Emerson). "당신의 인생을 가장 짧은 시간에 가장 위대하게 바꿔 줄 방법이 무엇인가? 당신은 결코 독서보다 더 좋은 방법을 찾을 수 없을 것이다"(Warren Buffet).

독일의 학자 오스트발트는 위인이나 성공한 사람들의 공통점이 무엇인가를 조사하다 두 가지를 밝혀낸바 있다. 그것은 긍정적인 사고와 독서였다.

책은 젊은이들에게는 양식이며, 나이든 사람에게는 기쁨이다. 독서를 통해 자신의 생각과 의식이 달라지면, 자연스럽게 행동이 바뀌고, 태도가 달라지면 인생도 달라진다(김병완, 2015). 독서는 번영의 장신구요 역경으로부터의 피난처이자 위안이며, 집에선 기쁨이요 밖에서는 전혀 방해가 되지 않는다. 책은 밤의 동반자요, 여행을 하면서나 시골에 있을 때도 함께 해주는 벗이다(키케로). 책 읽는 습관을 기르는 것은 인생에서 모든 불행으로부터 스스로를 지킬 피난처를 만드는 것이다(서머싯 몸).

책은 말없는 스승이며, 길을 가르쳐 주는 길잡이다. 과거와 현재의 뛰어난 사람들과 대화를 나눌 수 있는 기회이며, 지혜와 지식을 편안하게 받아들일 수 있는 화수분이다. 세계화전략연구소장 이영권(2011)은 독서해야 할 이유를 5가지로 요약했다.

(1) 현재와 다른 나를 창조하고 싶다면 책을 읽어라.

(2) 아이디어가 필요하다면 책을 읽어라.

(3) 자기중심적인 사고에서 벗어나려면 책을 읽어라.

(4) 승진하기를 원한다면 책을 읽어라.

(5) 잘난 척하려거든 책을 읽어라. 잘난 척하는 것도 문제지만 머리에 든 것 없이 잘난 척하는 것은 더 큰 문제다.

책을 읽지 않고도 배울 수 있는 방법은 많다. 하지만 책만큼 저렴하고 간편한 방법으로 배움의 기회를 주는 것이 또 있을까? 당신이 자녀의 행복을 위해서 그에게 물려줄 수 있는 가장 소중한 유산은 책 읽는 습관이라고 했다.

이상적인 삶의 비결은 "좋은 친구와 훌륭한 책, 그리고 조용한 양심"이다(Mark Twain). 좋은 책을 선택하라. 몸에 좋은 음식이 있는가 하면 몸에 나쁜 음식이 있다. 좋은 책은 좋은 친구를 만나는 것과 같지만 나쁜 책은 나쁜 친구를 만나는 것과 같다.

책을 읽을 때 우리는 비판적 사고, 창조적 사고를 연습한다. 우리 마음과 관련하여 우리는 두 가지 중요한 선택을 할 수 있다.

첫째, 우리 마음에 무엇을 들어오게 할 수 있나? 둘째, 우리 마음에 들어와 있는 것을 어떻게 사용할 수 있나? 우리는 우리가 읽고, 듣고, 보며, 그에 연상되는 사람들을 선택함으로써 우리 마음에 올바른 것이 들어오도록 할 수 있다. 또 우리는 생각하고, 문제를 해결하며, 배우고, 창의적인 사람이 되기 위해 우리의 마음을 사용할 수 있다.

두 가지에서 영향을 받지 않는다면 우리 인생은 5년이 지나도 지금과 똑같을 것이다. 그 두 가지란 우리가 만나는 사람과 우리가 읽는 책이다(Charles Jones). 사람들과의 직접적 만남과 책을 통한 저자와의 간접적인 만남이 우리를 만든다 해도 지나친 말이 아니다.

인간은 언제나 위기를 맞이할 수 있다. 그러한 인생의 위기를 맞이할 때, 정신적인 힘을 주는 책이나 작품을 가리켜 클래식(古典)이라고 한다. 현대인들이 삶의 위기에 취약한 이유가 무엇인가? 인생의 목적에 대해 생각해 본 적이 없고, 사색도 해본 적이 없고, 인간의 삶을 깊이 이해하거나 들여다 본 경험도 없이 살아가면서, 모든 지식은 상식 수준의 피상성만으로 살아가기 때문이다. 문학, 철학, 신학, 역사 등 인문학을 읽도록 하라. 고전을 읽고 사색하라. 이론적인 교과서로 시작하지 마라. 경험자의 이야기가 담긴 책을 찾아 꼼꼼히 읽어보라. 생각하는 사람만이 사회와 삶을 깊고 넓게 볼 수 있고, 그런 눈을 가진 자만이 현실을 바꿀 수 있는 능력과 자신의 행복을 찾아갈 수 있는 인간이 될 수 있다(정동섭, 2016).

"집안에 반드시 서재나 작은 도서관을 만들어라. 사전을 찾으며 독서를 하게 이끌어라. 의견을 자유롭게 말하게 하고 토론하게 만들어라. 중요한 내용은 메모하는 습관을 만들도록 하라."

부모는 어떻게 자녀에게 책을 읽도록 장려할 수 있는가? 자녀에게 독서를 권장하는 것은 마치 채소를 먹이는 과정과 비슷하다. 자녀들이 어려서부터 채소를 맛있게 먹는 경우를 본 적이 있는가? 거의 없다. 아이들은 대부분 식감 좋은 음식이나 인스턴트에 길들여진다. 이런 악순환이 계속되어 채소를 먹지 않는 음식이 되어 버린다. 그러나 책임감 있는 부모는 끈질기게 채소를 권유한다. 그러다가 어느 순간 채소의 맛과 향을 알게 되어 자녀들이 스스로 채소를 먹게 된다. 이런 과정은 부모의 꾸준한 관심과 포기하지 않는 책임감으로 완성된다. 독서도 마찬가지다.

어떻게 하면 아이가 책을 가까이하게 만들 수 있을까? 부모가 먼저 책을 읽는 모습을 보이는 것이 최선의 방법이다. 책 읽는 모습을 보여 주고 서점에도 같이 가고 양서를 구입해서 아이들의 책장을 채워 주면서 부모의 시선이 책에 있다는 것을 각인시켜야 한다. 두 번째 독서에 대한 적절한 동기 부여가 있어야 한다. 독서에 대한 진정한 동기 유발은 책 읽는 재미와 즐거움을 느끼게 하는 것이다. 새로운 것을 배우고 깨닫는 즐거움은 우리를 행복하게 하는 조건 중 하나다. 어떤 보상과 경쟁 같은 외적인 자극이 아니라, 내재적 동기, 즉 책 읽는 것 자체가 좋아서 읽게 하는 것이 가장 좋은 방법이 아닌가 싶다.

날마다 행복을 누리도록 하라

행복이란 우리의 정신 가운데서 최고선의 실현, 참된 자아실현, 만족, 기쁨, 쾌락 등 그 사람 나름의 다양한 소망과 요구가 지속적으로 충족된 주관적인 상태를 의미한다. 행복의 추구는 사람이라면 누구나 갖게 되는 자연적이며 피할 수 없는 공통된 관심사다. 문제는 우리의 욕망과 욕심에는 끝이 없다는 것이다. 예컨대 물질, 돈, 지위, 명예, 권력, 성욕 등 가지면 가질수록 더 갖고 싶어진다는 것이다.

행복은 추구함으로 얻어지는 게 아니다. 직접적인 행복의 추구는 자기모순에 이르게 된다. 행복은 자기가 해야 할 일을 하는 데서 보람을 느끼며, 그 결과에 집착하지 않고 전심전력한 결과로 주어지는 것이다. 행복은 일정한 조건의 부산물이다(정인석, 2013).

인간은 행복하기 위해 다른 사람과 상호작용을 하고 타인과 서로 얽힐 필요가 있다. 긍정심리학의 창시자 마틴 셀리그먼(Martin Seligman)은 "인생에서 가장 중요한 것은 바로 다른 사람과의 관계라는 사실이다. 행복방정식에서 아주 행복한 사람은 혼자 지내는 시간을 최대한 줄이고 폭넓고 자기 만족적인 사회생활을 한다. 성공 만족도보다 관계만족도가 더 행복지수를 높인다"고 하였다.

인간은 자신이 결심한 만큼 행복해진다(Abraham Lincoln). 행복은 우리 마음에서 만들어내는 것이다. 외부 조건이나 상황에 의한 행복보다 스스로 만들어내는 행복이 진정한 행복이다(Daniel Gilbert).

"행복의 추구는 행복을 방해한다. 행복의 추구는 자기모순이다. 행복은 추구할 수 없다. 행복을 의식함으로써 사람은 행복을 얻기 위한 이유를 놓치게 되고, 행복 그 자체는 사라져 버린다. 우리는 행복을 획득하려고 하면 할수록 점점 멀어지고 행복을 얻을 수 없게 된다"(Frankl, 1981).

인생은 속도나 높이가 아니라 과정과 느낌이다. 나중의 행복을 위해 현재의 인생을 집행유예하지 말고 매일 행복한 내용으로 채워 나가자.

행복을 방해하는 가장 큰 적은 남들과 비교하기다. 행복은 내가 얼마나 많이 가지고 있느냐의 문제라기보다는, 내가 가지고 있는 것들에 얼마나 만족하느냐의 문제다. 남들과 비교하기가 습관이 되면 만족감을 느끼기는 쉽지 않다.

진학이나 진로 등의 문제로 갈등하다 자살하는 아이들이 매년 300명 내외가 된다. 우리가 원하는 것은 죽지 않고 살아서 같이 지내는 것이다. 자신이 좋아하는 공부를 하면서, 하루하루 배우는 즐거움을 만끽하면서 일상적인 과정에서 감사를 느끼며 생활할 수는 없을까!

신재인, Promenade, 2016

8

왜 밥상머리 교육인가?
인성교육은 가정에서 시작된다

인생의 행복은 영성과 인성교육에서 비롯된다.
인생과 삶의 기본은 밥상머리에서 만들어진다.
사람을 행복하게 하는 궁극적인 것은 과연 무엇일까?
그것은 바로 '사람과 밥과 대화'다.
이중 하나라도 빠지면 안 된다.
좋은 사람과 맛있는 음식을 먹으면서
친밀한 대화를 나눈다면 거기에 행복이 존재하기 마련이다.

 계속적으로 공부하는 사람이다. 사람은 평생토록 배우도록 만들어진 존재라고 생각한다. 만약 배우기를 중단하면 그때부터 지금까지 배운 것을 모두 잃는다고 생각한다. 배우기를 그만두는 사람은 유대인도 아니고, 사람도 아니라고 말한다. 유대인은 부모와 자녀가 모두 공부한다.

유대인은 죽을 때까지 공부해야 한다고 믿고 그렇게 산다. 유대인의 가정이나 도서관이나 학교나 직장에 가면 그들은 늘 배우는 모습이 일상화되어 있다. 나이와 상관없이 공부하는 유대인을 많이 볼 수 있다.

그렇다면 어떤 공부를 해야 할까? 영성과 인성에 대한 공부다. 유대인이 토라와 탈무드를 공부한다면 우리는 성경을 공부하면 된다. 성경은 바다와 같은 깊은 샘터다. 평생 배워도 다 배울 수 없는 엄청난 내용들과 지혜로 가득하다. 우리는 삶의 지혜를 배워야 한다.

지식이 내용을 공부하는 책이라면 지혜는 그것을 어떻게 적용하느냐 하는 실천에 대한 책이다. 우리는 학교에서 지식과 정보에 대한 공부는 하지만, 판단력과 분별력을 배워서 생활에 적용하도록 돕는 공부는 거의 하지 않는다.

인생의 행복은 영성과 인성교육에서 비롯된다. 인생과 삶의 기본은 밥상머리에서 만들어진다. 사람을 행복하게 하는 궁극적인 것은 과연 무엇일까? 그것은 바로 '사람과 밥과 대화'이다. 이것들은 사람이 살아가는 곳이라면 어디서나 꼭 필요한 요소다. 이중 하나라도 빠지면 안 된다. 좋은 사람과 맛있는 음식을 먹으면서 친밀한 대화를 나눈다면 거기에 행복이 존재하기 마련이다. 여기에 중요한 것은 사람과 나누는 대화다. 여기에 음식은 윤활유와 같은 역할을 한다.

유대인 부모는 13세가 되기까지 자녀교육의 책임을 진다. 13세가 되면 자녀가 성인이 되었다고 간주하고 그때부터 "하나님의 손에 맡긴다"고 생각한다.

우리는 가정교육이 부족하기 때문에 학교에 집착하여 좋은 학교에 보내려고 애를 쓴다. 유치원 때부터 좋은 유치원에 보내기 위해 안달이다. 가정교육이 부족하기 때문에 더욱 더 가정교육을 대신할 학교나 교사를 찾는 것이다. 그러나 아무리 좋은 학교와 교사가 있다 해도 가정만한 학교가 없고 부모만한 교사가 없다. 유대인은 평생의 기초를 부모를 통해서 배운다. 공부하는 법, 친구 사귀기, 생활규칙과 예의 등 생활 전반을 부모를 통해서 배운다.

자녀의 인성을 위해서는 부모의 역할이 가장 중요하다. 부모의 인성이 자녀의 인성을 결정한다. 아이들은 부모의 모습을 그대로 배우고 자란다. 밥상머리 자녀교육의 핵심은 붕괴되고 있는 가정을 회복하는 데 있다. 가정을 살리는 구체적인 방법이 밥상머리다.

왜 밥상머리교육인가? 밥상머리는 가족이 함께 모이는 구체적 장소요, 시간이다. 수신제가치국평천하(修身齊家治國平天下)라는 말이 있다. 가정이 잘 돼야 국가가 잘 된다. 가정을 잘 되게 하는 구체적 방법 중에 하나를 들라면 그것이 바로 밥상머리다. 인간의 소중함을 배우고 깨닫는 시간이 밥상머리다. 가족이 만나 대화를 나누면서 음식을 나누는 것은 가족행복을 이루는 유일한 시간이다(이대희, 2016).

유대인이 각 분야에서 세계 최강을 이룬 것은 그 숨겨진 비밀이 밥상머리에 있다는 것이 밝혀졌다. 지금도 전세계에 존재하는 유대인들은 누구나 안식일(금요일 저녁부터 토요일 저녁까지)이 되면 온 가족이 함께 모여 밥상머리에 마주하고 있다. 온 가족이 밥상머리에 모여 이야기와 토론과 대화를 나누는 것을 습관적으로 반복하고 있다. 사람, 밥, 대화를 가장 효율적으로 추구할 수 있는 곳은 가정이다. 물론 학교와 교회와 직장 등 다른 곳에서도 가능하겠지만, 가정이 최적의 공간이다. 창조를 이루는 핵심 요소(시간, 공간, 분야)가 하나로 합쳐지는 곳이 바로 밥상머리다. 작고 소박한 밥상머리지만 행복을 결정짓는 중요한 장소다. 유대인에게 밥상머리는 온 가족이 모여 대화와 토론을 하는 작은 학교다.

경쟁과 입시교육 속에서 시달리는 우리 자녀들은 행복한 삶을 도둑맞고 있다. 노인들에게 가장 행복했던 순간을 떠올리라고 하면 대부분 어린 시절에 고향에서 즐겁게 뛰어놀던 때를 생각하는데, 이 자녀들이 노인이 되었을 때 같은 질문을 하면 무엇이라고 답할까? 가장 불행했던 시절이 학교와 학원을 오가면서 공부에만 매달린 시절이라고 답하지 않을까?

밥상머리는 지금 우리가 당면하고 있는 많은 문제들(교육, 저출산, 자살, 왕따, 폭행, 1인 가족, 우울증, 이혼, 건강, 세대 간 불통, 취업, 양극화, 고령화, 창의성 등)을 한꺼번에 해결할 수 있는 좋은 대안이다. 우리나라는 아주 오래 전부터 밥상머리 전통이 있었지만 지금은 그 맥이 끊겼다. 무한경쟁과 물질만능주의가 우리를 지배하면서 이제는 전통적인 가정문화조차 해체되는 상황에까지 이르게 되었다. 비인격적인 스마트폰과 같은 전자매체가 보편화되면서, 인간관계도 점점 삭막해지고 있다.

인성교육을 학교 주도로 하다 보면 인성도 주입식과 성적으로 평가하는 문제를 낳을 수 있다. 엄밀히 따져보면, 인성교육이야말로 학교보다는 가정이 먼저 담당해야 할 몫이다. 가정에서 인성교육이 이뤄지지 않으면 근본적인 해결책은 없다.

'사람, 밥, 대화'를 가장 효율적으로 추구할 수 있는 곳은 가정이다. 작고 소박한 밥상머리지만 행복을 결정짓는 중요한 장소다. 인성교육의 해답은 가정에 있다. 자녀의 인성은 부모에 의해서 결정된다고 해도 과언이 아니다.

한 사람의 아버지가 백 사람의 선생보다 낫다(George Herbert). 인성이란 책으로 배우는 것이 아닌 부모와 가족의 좋은 본보기를 통해서 배우는 것이다. 인성교육의 해답은 가정에 있다. 어떻게 하면 제대로 된 인성교육을 할 수 있을까? 밥상머리교육에 해답이 있다. 유대인 자녀의 인성교육은 밥상에서 이루어진다.

유대인식 하브루타를 시도하자

우리나라에서 공부는 주로 혼자 한다. 공부방이든 독서실이든 도서관이든 고시원이든 혼자 책상에 앉아 책과 씨름하는 것이다. 계속해서 책에 밑줄을 치고 별표를 하고 형광펜으로 칠하면서 공부한다. 지식들을 공책에 필기하면서 외우고 또 외운다. 도서관이든 독서실이든 칸막이 처진 책상이 있다. 그 칸막이로 공간을 나누고 혼자 공부한다. 잠을 줄이고 책상 앞에 오래 앉아 있는 것이 공부다.

그러니 우리 아이들에겐 공부는 인내하는 것이고 견디는 것이다. 학생들 책상 앞에 이런 말이 써 있다. "인내는 쓰나 열매는 달다." 현재는 공부 스트레스 때문에 불행하지만 앞으로 행복할 날이 올 것이라는 막연한 기대를 가지고 공부한다.

혼자 공부하니 서로 소통하고 대화할 시간이 없다. 다른 친구는 사귀고 사랑해야 할 대상이 아니고 이겨야 할 대상이다. 그래서 공부를 잘하는 사람일수록 독불장군으로 큰다. 남과 대화하고 타협하고 협상하려 하지 않는다. 소통하고 공감할 줄을 모른다. 혼자 판단하고 결정하여 지시를 내리는 사람이 되거나 시키는 일만 하는 사람이 된다.

하지만 세상은 혼자 사는 곳이 아니다. 모든 사람은 공동체의 관계 속에서 살아간다. 어쩔 수 없이 남과 의견을 나누고 협상하고 소통하면서 살아가야 한다. 그러므로 20년 동안 해야 하는 공부를 소통과 토론, 대화로 하지 않으면 사회성 있는, 인간관계가 좋은 사람으로 성장하기 어렵다.

유대인의 특별한 교육법 중에 하브루타가 있다. 하브루타는 "짝을 지어 공부한다"는 뜻이다. 친구와 짝을 맺어 질문하고 대화·토론·논쟁을 하는 것이다. 교사를 통해서 일방적으로 배우는 방식에서 벗어나 두 사람이 서로 배우는 방식으로 우리에게는 익숙하지 않은 방법이다.

유대인의 교육의 바탕에는 하브루타 인성교육이 깔려 있다. 유대교에 바탕을 두고 어려서부터 철저하게 인성교육을 시킨다. 하브루타는 유대인 아이의 성장과 쭉 같이 간다. 어릴 땐 밥상머리에서 부모와 이야기하며 세상을 배우고, 커서는 다른 학생과 토론하면서 다양한 논점을 듣고 논리적으로 말하는 법을 깨닫는 것이다. 또한 하브루타 방식의 토론교육 문화는 아이들로 하여금 경청하고, 배려하고, 공감하고, 협상하고 의논해서 합의점을 찾고 더 좋은 논리에 승복할 줄 아는 학생들을 저절로 기르게 만든다.

전성수 부천대 유아교육과 교수는 '하브루타 전도사'로 알려져 있다. 전 교수에 따르면 하브루타는 안식일 저녁 유대인 가정에서 온 가족이 함께 식사를 하면서 경전·율법 내용을 토론하던 문화가 자리잡은 것이다. 이후 학교에서 학생들이 짝지어 격렬하게 논쟁하는 것을 하브루타 교육으로 일컫게 되었다. 부모와 선생은 주로 질문자 역할을 하고, 토론은 학생들이 이끈다.

무엇이 하브루타인가? 학교에서 교사가 학생들에게 질문하면서 수업하는 것도 하브루타이고, 학생들끼리 짝을 지어 서로 가르치면서 토론하는 것도 하브루타다. 유대인 회당에서 평생지기와 만나 탈무드 공부를 하면서 논쟁하는 것도 하브루타다(전성수, 2013).

유대인은 그들의 경전인 토라에서 "네 자녀를 부지런히 가르치라"(신 6:7)고 명령했기 때문에 부모가 아이를 가르치는 것은 하나님에 대한 순종으로 받아들이고 이는 하나의 종교행위이기도 하다. 그래서 이들에게 자녀와 부모가 함께 공부하는 것은 일상이고 너무나 자연스러운 것이다.

유대인의 자녀교육은 질문과 토론을 통해 자립심을 기르게 한다. 유대인 가정의 식탁에서는 아이들이 거리낌 없이 부모와 의견을 나누고 부모들은 아이들의 의견 하나하나에 귀를 기울인다. 부모는 자녀가 하루 동안 있었던 일들에 대해 논리정연하게 이야기하며 잘 모르는 부분이 있으면 질문하게 하는 것을 잊지 않는다. 이 과정에서 부모는 자녀에게 정답을 알려주지 않는다. 정답은 아이 스스로 찾도록 도와줄 뿐이다.

하브루타는 인성과 실력을 동시에 얻을 수 있게 한다. 전성수(2015)는 하브루타의 유익을 다음과 같이 요약해 소개하고 있다.

① 뇌를 격동시켜 고등사고력을 기른다. ② 다양한 생각과 창의적인 사고를 하게 한다. ③ 비판적 사고력과 논리적 사고력을 기른다. ④ 자기주도 학습, 자기동기 학습이 저절로 가능하다. ⑤ 소통과 경청, 타협의 능력을 기른다. ⑥ 평생의 친구를 얻게 한다.

혼자 하는 공부는 지루하기 쉽고 집중이 어렵지만, 함께하는 공부는 즐겁고 재미있다. 혼자 하는 공부는 소통을 배우기 어렵지만, 함께 하는 공부는 소통과 협력, 배려, 공감, 타협, 협상 등을 자연스럽게 배울 수 있다. 혼자 하는 공부는 친구를 만들기 어렵지만, 함께하는 공부는 친구가 저절로 생긴다. 혼자 하는 공부는 단순히 외우는 작업만 하기 쉽지만, 함께하는 공부는 직접 말로 하고 체험하고 서로 도우면서 공부하기 때문에 훨씬 오랫동안 기억에 남는다.

학교에 하브루타 교육을 도입하자 잠자던 학교 교실이 깨어났다고 2017년 초 대표적 일간지가 보도했다(조선일보, 2017. 1. 17). 보도에 의하면, 주로 국어와 사회, 과학 등에서 하브루타를 활용한다. 질문 만들기, 친구 가르치기, 비교하기, 논쟁하기 등 여러 가지 하브루타 수업 방법 중에서 교사가 단원에 따라 적합한 방법을 선택해 진행한다.

- **친구 가르치기:** 학교 수업에서 하브루타를 도입하기 위해 가장 먼저 해야 할 일은 교사 자신이 하브루타가 최상의 공부임을 분명하게 이해하고 인식하고 있어야 한다. 교사 자신이 하브루타가 몸에 익으면 학교 수업에서 하브루타는 저절로 되고, 집에서도 자녀들과 하브루타가 익숙해지게 된다.

학교 수업에서 하브루타를 가장 쉽게 도입하는 방법은 친구 가르치기를 도입하는 것이다. 30분 동안 교사가 해오던 방식으로 교수 활동을 하고, 나머지 10-20분 동안을 친구 가르치기를 시도하는 것이다. 앞에서 교사가 가르쳐 준 내용을 둘씩 짝을 지어 서로 설명하고 가르치는 것이다.

공부 방법에 따른 학습효율성(다음 각각의 방식으로 공부한 뒤, 24시간이 지나서 머릿속에 남아 있는 공부내용의 비율)을 비교해 보면, 강의 듣기 5%, 읽기 10%, 시청각수업 듣기 20%, 시범강의 보기 30%, 집단토의 50%, 실제 해 보기 75%, 서로 설명하기 90%으로 밝혀졌다.

친구가 짝을 지어 설명하는 수업은 단순해 보이지만, 매우 효율적인 방법이다. 그 장점을 몇 가지 생각해 보자.

첫째, 교사나 학생이나 특별한 준비 없이 하브루타 수업에 적응할 수 있다. 학생은 수업 전에 특별한 준비 없이 교사가 가르치는 내용을 다시 한 번 친구에게 설명해 주면 된다.

둘째, 학생은 교사의 교수활동에 집중할 수밖에 없다. 자신이 아니라 친구 때문이라도 수업에 집중해야 한다.

셋째, 학생들은 친구에게 배운 내용을 설명하면서 복습, 요약함에 따라 메타 인지가 된다. 즉 자신이 분명히 알고 있는 것과 모르는 것을 정확히 파악할 수 있는 능력을 갖게 된다는 것이다.

넷째, 친구를 가르치면서 자신은 90%를 남기는 공부를 할 수 있다. 학습 효율성 면에서 가르치는 사람이 90%가 남는다. 학생들은 친구를 가르치면서 공부한 내용을 확실하게 내 것으로 만들 수 있다.

다섯째, 설명을 듣는 친구는 모르거나 이해가 되지 않는 내용을 질문하기 때문에 확실하게 알고 넘어갈 수 있다. 중간에 질문을 주고

받으면서 진정으로 이해하는 공부를 할 수 있다.

여섯째, 말하면서 공부하기 때문에 공부가 즐겁고 능동적인 공부가 된다. 자기주도 학습이 가능해진다.

일곱째, 친구관계가 좋아진다. 친구 가르치기를 공부하면 경쟁 관계가 아니기 때문에 친구와 훨씬 친해지고 상생의 공부가 된다. 배워서 남 주는 관계가 된다.

여덟째, 교사에게 가장 좋은 점은 10-20분 동안 여유를 가지고 수업에 임할 수 있다는 것이다. 교사는 훨씬 여유로우면서도 학생들은 치열하게 공부하고 있는 것이다.

이와 같이 하브루타 교육을 하면 교실이 살아나고, 역동적이 된다. 조는 학생이 사라지고, 다른 생각을 하는 학생들도 사라진다.

강의를 들으면서 쓰는 공부와 친구들과 함께 토론하면서 말하는 공부를 비교해 보자.

어느 쪽 학생들이 덜 졸겠는가?

어느 쪽 학생들이 다른 생각을 덜 하겠는가?

어느 쪽 학생들이 더 재미있고 즐겁겠는가?

어느 쪽 학생들이 더 능동적이겠는가?

어느 쪽이 친구관계를 더 좋게 하겠는가?

어느 쪽이 소통 능력, 사회성이 더 길러지겠는가?

어느 쪽이 대화, 토론, 협상하는 능력이 더 길러지겠는가?

어느 쪽이 비판적 사고력, 논리적 사고력, 창의성, 안목, 통찰력이 더 길러지겠는가?

어느 쪽이 더 생각을 많이 하겠는가?

어느 쪽이 더 스트레스가 풀려 청소년 문제를 줄이겠는가?

어느 쪽이 서로 돕고 협동하는 분위기를 더 만들겠는가?

어느 쪽이 경청이나 배려, 책임감 등의 인성이 더 길러지겠는가?

어느 쪽이 더 다양한 견해에 대해 이해하고 다른 사람을 존중할 수 있겠는가?

나부터 주변 사람들과 대화하고, 소통하고, 타협하고, 토론하는 하브루타를 실천하자. 그것이 변화의 시작이고, 삶과 운명을 바꿀 수 있는 혁명의 시작이다. 행복한 성공을 하고 싶지 않은가? 공부를 잘하면서도 인성을 기르고 싶지 않은가? 인성이 곧 실력이다(전성수, 2015).

자녀가 성공하고 행복하게 살기를 바라는가? 거실을 토론의 장으로 만들어라. 식탁을 대화의 장으로 만들어라. 대화가 막힌 가정에서 토론을 잘하는 아이가 나올 수 없다. 대화와 토론이 가족들의 행복과 성공을 가져다주는 핵심 비결이다.

21세기에 들어서면서, 우리나라 교육이 추구하는 것은 창의, 인성 교육이다. 어떻게 하면 창의적이고 비판적 사고를 할 수 있는 인재를 길러낼 수 있겠는가?

창의교육 전문가들은 "창의력을 높이려면 앞쪽 뇌, 즉 전두엽을 발달시켜야 한다"고 제안한다. 우리 교육은 암기 위주로 해마(海馬: hippocampus) 등 뒤쪽 뇌를 반복해 쓰는 방식이다. 독창적이고 혁신적인 사람으로 키우려면 전두엽, 즉 앞쪽 뇌를 발달시켜야 한다.

창의력의 핵심은 기존 것이나 한 가지 방식에 얽매이지 않고 새로움에 도전하는 건데, 그 기능의 능력은 전두엽 중앙에 있다. 서울대 뇌신경센터 나덕렬 소장은 "앞쪽 뇌에 창의·기획·동기·충동조절 센터 등이 분포돼 서로 유기적으로 연결돼 있다. 근육을 쓰면 쓸수록 커지듯이 전두엽도 쓰면 쓸수록 활성화된다. …결과가 어찌되었든 스스로 생각하고 결정하는 훈련이 중요하다. 그 결과가 잘못되어도 실수를 통해 아이들이 더 나은 선택을 할 수 있도록 하면 된다"(조선일보, 2017. 1. 19).

일상에서는 자신이 할 수 있는 작은 일을 반드시 마무리짓는 습관을 가져야 한다. 하루 30분 단어암기가 안 되면 20분으로 줄이고 이걸 항상 마무리하는 게 좋다. 그러면 자신감도 생기고 성취욕이 유발돼 좀 더 큰 일에도 도전하게 된다.

학생들에게는 선先 공부 후後 놀이 규칙이 적용되어야 한다. 즐거운 일을 앞두고 밀린 숙제나 공부를 해놓는 습관을 들이면, 의무적으로 해야 할 것들도 즐겁게 할 수 있다. 앞으로 학생들에게 필요한 능력은 복잡한 현상에서 핵심을 파악하고 '진짜 문제'를 발견하는 것이다. 지금처럼 주어진 문제를 잘 푸는 능력은 컴퓨터가 다할 것이기 때문에 필요가 없다. 우리나라가 주입식 교육을 통해 산업발전을 이룬 것은 맞지만, 미래 먹을 거리를 찾아야 하는 지금은 그런 교육으로는 선진국 하도급 국가밖에 안 된다. 인공지능이 지배하는 4차 산업혁명 시기에는 전문지식이 많은 것보다 지식을 남들보다 창의적으로 활용하는 뛰어난 사고력이 중요하다.

창의성을 증진시키는 하브루타 학습을 한국에 정착시키는 데 가장 큰 장애물은 '혼자서 공부하는 문화'다. 하브루타 교육을 통해 함께하는 공부, 친구끼리 서로 가르쳐 주는 공부 문화를 만들면 사회도 윤택해질 것이다. 아이가 어릴 때 얼마나 많은 질문을 쏟아내느냐 하는 것, 질문이 끊이지 않게 이끌어 주는 것이 바로 하브루타다. 황당한 질문을 해도 아이를 면박주지 말아야 한다(전성수, 2015).

교사와 학생 사이에 상호작용을 늘려야 한다. 교사는 질문을 던지고 학생들은 토론하는 유대인 학교처럼 상호작용이 넘치는 교실에서는 학생들의 사고력이 길러질 수밖에 없다. 미국의 소통전문가 도로시 리즈는 『질문의 7가지 힘』이라는 책에서 질문의 효과를 정리한 바가 있다.

(1) 질문을 하면 답이 나온다.

(2) 질문은 생각을 자극한다.

(3) 질문은 정보를 가져다준다.

(4) 질문을 하면 통제가 된다.

(5) 질문은 마음을 열게 한다.

(6) 질문은 귀를 기울이게 한다.

(7) 질문은 스스로를 설득시킨다.

수용적 사고는 비판적 사고로, 비판적 사고는 창의적 사고로 발전해야 한다. 엉뚱한 아이디어라도 존중해 주고, 독창성을 확실히 보장해 주는 문화를 만들어야 한다. 창의성을 극대화하는 방법은 '미지의 문제'를 풀어보는 지적 도전을 많이 하게 해주는 것이다. 창의성 교육은 결국 학생들이 참여해 수업을 주도하고 자기들 생각을 격의 없이 이야기할 수 있어야 한다. 학생들의 다양한 의견을 끌어내려면 교육자들이 먼저 지적 유연성을 보여야 한다. 창의력에 함께 요구되는 것은 구상력이다. 구상력은 아이디어를 현실적으로 실현시키는 능력이다. 제아무리 뛰어난 발상을 했어도 구상력이 없으면 그것을 실현시킬 수 없다. 때문에 구상력의 차이는 경쟁력의 차이를 부른다. 창의적 활동을 할 때 인간이 행복을 가장 많이 느낀다. 창의성 교육은 결국 우리 삶을 행복하게 하는 방법이다.

우리의 삶은 늘 크고 작은 시련과 역경의 연속이다.
회복탄력성은 힘든 시련이 왔을 때
이를 극복해 내려는 마음의 근력을 의미한다.
자기조절 능력과 대인관계 능력, 긍정성을 합쳐서
회복탄력성이라 한다.
자존감을 높이고 올바른 인성을 함양하여
스트레스 관리방법을 숙지하면
회복탄력성을 증가시킬 수 있다.

회복탄력성을 키우자

신재인, Harvesting, 2016

우리나라 학생들의 행복도가 OECD 국가 중 최하위라는 통계가 있다. 청소년 우울증과 자살률이 세계 최고 수준이며, 40-50대뿐 아니라 노인들의 우울증과 자살률도 증가하고 있다. 우울, 불안, 슬픔, 분노…. 우리를 피곤하고 지치게 하는 힘든 일상에서 스스로 회복탄력성을 높이는 방법은 없을까?

아이들을 키우고 보살피는 부모와 교육자들에게 회복탄력성의 '회복'은 필수다. 자신에게 고갈된 것을 남에게 줄 수가 없기 때문이다. 우리는 자녀에게 위기대처 능력을 가르쳐야 한다.

회복탄력성(resilience: 회복력)이란 무엇인가?

스트레스나 도전적 상황, 역경을 딛고 일어나는 힘이다. 넓은 의미로 대처 능력, 적응력, 에너지 비축력, 수용력, 마음의 근육, 그릿(grit)으로 정의한다. 사실 회복탄력성은 단지 역경을 극복하는 힘이 아니라 활력 있고 생동감 있고 즐겁고 진정성 있는 삶을 살 수 있는 능력을 뜻한다. 마지못해서 억지로 끌려가는 것이 아니라 주도적으로 자신의 삶을 살 수 있는 능력이다.

우리의 삶은 늘 크고 작은 시련과 역경의 연속이다. 회복탄력성은 힘든 시련이 왔을 때 이를 극복해 내려는 마음의 근력을 의미한다. 자기조절 능력과 대인관계 능력, 긍정성을 합쳐서 회복탄력성이라 한다. 자존감을 높이고 올바른 인성을 함양하여 스트레스 관리방법을 숙지하면 회복탄력성을 증가시킬 수 있다.

앤젤라 덕워스(2015)는 회복력에 맞먹는 단어로 그릿(grit)이라는 단어를 만들었다. 그릿은 장기적인 목표를 향해 열정과 끈기를 가지고 나아가는 것이라는 뜻이다. 우리말로 번역하자면 '근성'이라고 할 수 있다. 운을 제외한다면, 사회적 성공에서 가장 중요한 덕목은 자제력, 꾸준함, 끈기, 성실성이라는 것이다.

미국심리학회에서는 회복탄력성의 특성을 다음과 같이 요약했다.

(1) 현실적인 계획을 세워 한 걸음씩 수행해 나가는 힘(목적성과 인내심)이다.

(2) 자신의 강점과 능력에 대한 긍정적이고 낙관적인 태도와 확신(경험중시)이다.

(3) 의사소통과 문제해결의 기술(관계의 기술)이다.

(4) 감정에 대한 이해와 조절 능력(평정심)이다.

이 중 가장 중요한 것이 바로 '감정에 대한 이해와 조절 능력'이다.

지금 우리나라 학생들의 최대 관심사는 공부이고 학생들이 불행한 최대 원인은 공부 스트레스다. 스트레스란 무엇인가? "무언가 강한 요구를 당할 때의 심신반응, 너무 많은 일을 짧은 시간 안에 해야 할 때의 쫓기는 기분, 극심한 압박감, 감정적으로 불편하고 심신의 조율이 헝클어진 분노·짜증·좌절·불안·무기력·절망 등을 느끼는 상태"라고 할 수 있다(최성애, 2014).

머리가 좋은 사람이 회복탄력성이 높을까? 아니면 정서지능이 높은 사람이 회복탄력성이 높을까? 최근 심리학계의 장기간에 걸친 추적 연구에 의하면, IQ보다 EQ가 사람의 회복탄력성 증진에 훨씬 더 중요한 역할을 하는 것으로 밝혀지고 있다(최성애, 2014).

인성교육은 감성지수를 높이는 교육이다. 부정적 감정들은 많은 에너지 손실을 가져오지만, 긍정적 감정들은 내적 에너지를 충전시키고 회복탄력성을 증가시킨다. 회복탄력성은 정신적·감정적·신체적으로 활기를 되찾게 해준다. 요즘은 가정뿐 아니라 학교나 회사에서도 인성을 중시하는데, 나는 인성회복의 가장 확실하고 빠른 방법은 회복탄력성을 키우는 일이라고 믿는다. 우리가 어릴 때부터 읽기, 쓰기, 셈하기 등에 들이는 엄청난 시간과 노력의 일부분이라도 회복탄력성을 키우는 데 들인다면 우리 가정, 학교, 사회가 얼마나 더 살기 좋게 될까!

우선 먼저 공부에 대한 나의 생각이 어떠한지를 점검해 보도록 하자.

다음에 나오는 각각의 문항에 대해 얼마나 동의하는지 점수를 매겨 보라.

(매우 그렇다 = 5점, 그렇다 = 4점, 잘 모르겠다 = 3점, 아니다 = 2점, 결코 아니다 =1점)

_____ 1. 성적을 결정짓는 가장 큰 요인은 지능이다.

_____ 2. 하기 싫어도 꾹 참고 공부하면 성적은 오르기 마련이다.

_____ 3. 공부하는 시간을 늘리면 성적은 오른다.

_____ 4. 선행학습을 할수록 성적 향상에 유리하다.

_____ 5. 공부는 고통스러운 것이고, 그러한 고통을 잘 이겨내야 성적이 오른다.

_____ 6. 아이가 공부를 안 하면 야단 쳐서라도 공부를 시켜야 한다.

_____ 7. 가끔 따끔하게 혼내야 정신 차리고 공부를 할 것이다.

_____ 8. 공부를 잘하는 학생은 잠을 적게 잔다.

_____ 9. 시험 볼 때 자꾸 실수하는 것은 정신 상태가 해이하기 때문이다.

_____ 10. 실수하는 습관은 따끔하게 혼내면 어느 정도 나아질 수 있다.

_____ 11. 성적이 떨어지면 그에 상응하는 벌을 받아야 정신 차리고 공부할 것이다.

_____ 12. 성적이 오르면 원하는 것을 사주겠다고 약속하면 좀 더 열심히 공부할 것이다.

_____ 13. 공부에 집중시키려면 게임은 되도록 못하게 해야 한다.

평가) 답변의 합계가 19점 이하라면 양호하다. 20-30점이라면 보통이다. 30점이 넘는다면 문제가 있다. 당신은 공부에 대해 편견과 선입견을 갖고 있을 가능성이 높다. 만약 40점이 넘는다면 심각한 수준이다. 당신은 아마도 당신의 아이를 망치고 있을 가능성이 높다.

공부에 대한 당신의 편견

첫 번째 오해: "지능이 성적을 결정한다." "지능과 성적은 유전된다." 학생들의 성적 차이에서 지능으로 설명되는 부분은 25%이고, 나머지 75%는 동기 부여, 끈기, 자기조절력 등 그릿에 의해 결정된다. IQ가 105 정도만 넘는다면, 성적이 오르지 않는 것은 지능 탓이 아니다. 부모가 공부를 잘하면 아이들도 공부를 잘하니, 학업성취도는 유전된다고 믿는 것은 근거 없는 오해다. 지능과 성취도 사이에는 별다른 상관관계가 없다는 것이 밝혀졌다.

두 번째 오해: 지능은 평생 변하지 않으므로, 천재로 태어나지 않은 다음에야, 일찌감치 선행학습을 시키는 것이 장기적으로 성적 향상에 유리하다는 것이다.

- **능력불변 믿음**(fixed mindset): 본인의 능력과 지능은 이미 일정한 수준으로 정해져 있고, 노력해도 변하지 않는다. 고정형 사고방식.
- **능력성장 믿음**(growth mindset): 노력 여하에 따라 지능이나 능력이 얼마든지 향상될 수 있다고 믿는다. 성장형 사고방식.

인간의 지능은 자신의 능력에 대해 어떠한 믿음을 갖고 있느냐에 따라 변화한다.

자기가치 이론(theory of self-worth)에 따르면, 학생들이 높은 성적을 받고자 하는 가장 큰 동기는 긍정적인 셀프 이미지를 유지하기 위해서다. 즉, 다른 사람들에게 똑똑해 보이고 가치 있는 인간으로 대접받고 싶은 것이다.

공부를 잘하기 위해 필요한 것은 선천적 지능이나 재능이 아니다. 자신의 능력에 대한 긍정적인 믿음과 태도가 가장 중요하다.

세 번째 오해: 일찍부터 선행학습을 시켜야 유리하다. 어려서부터 잘 노는 법을 가르치는 것이 제대로 된 교육이다. 반드시 어렸을 때부터 잘 놀아야만 마음의 근력인 그릿이 자라나고, 그래야만 열정과 집념을 갖고 자기가 하기로 마음먹은 공부를 잘해낼 수 있다.

중학교 1, 2학년 때까지는 어떻게든 강제로 시킬 수도 있지만, 그 이후에는 거의 불가능하다. 고등학교 이상부터는 스스로 발휘하는 자기동기력과 자기조절력이라는 멘털 에너지가 없이는 공부를 잘하기가 힘들다.

인간의 능력은 두 가지 차원으로 구성된다. 하나는 인지 능력(지능과 재능)이다. 인지 능력이 높으면 똑똑하다, 머리가 좋다는 평가를 받게 된다. 다른 하나는 비인지 능력(감성)이다. 끈기와 열정, 집념, 도전정신, 동기부여, 회복탄력성 등이 여기에 해당한다.

공부는 억지로 시킨다고 되는 것이 아니다. 공부를 강요하는 것은 오히려 공부로부터 멀어지게 한다. 공부는 아이가 스스로 할 수 있도록 이끌어야 하고 어려서부터 스스로 하도록 하는 습관을 들이는 것이 중요하다. 자녀가 자기 동기를 가지고 자기 삶을 책임감 있게 살아가는 것이 더 중요하다(전성수, 2008).

그릿(grit)이란 무엇인가?

그릿은 목표를 위해 꾸준히 노력할 수 있는 능력이다. "스스로의 능력이 성장하고 발전할 수 있다는 신념을 바탕으로, 온갖 어려움과 역경에도 포기하지 않고, 자발적인 열정으로, 자신이 세운 목표를 향해 끝까지 노력할 수 있는 능력"을 말한다.

왜 어떤 사람은 성공하고 어떤 사람은 실패하는가?

아웃라이어(outlier)는 각 분야에서 큰 성공을 거둔 탁월한 사람들을 일컫는다. 이들에게는 비범한 '재능'과 함께 남다른 '열의'와 '열심히 일한 능력'(노력)이 있다.

재능이란 무엇을 말하는가? 가장 일반적 의미에서 재능은 개인의 고유한 소질, 기술, 지식, 경험, 지능, 판단력, 태도, 성격, 충동 등 인간 능력의 총합이다(더그워스, 2016).

그릿은 자신이 세운 목표를 위해 열정을 갖고 온갖 어려움을 극복하며 지속적인 노력을 기울일 수 있는 마음의 근력이다. 이것은 스스로에게 동기와 에너지를 부여할 수 있는 힘, 즉 자기동기력과 목표를 향해 끈기 있게 전진할 수 있도록 스스로를 조절하는 힘, 즉 자기조절력으로 이뤄진다.

능력성장 믿음(growth mindset)과 내적 동기(intrinsic motivation)가 있어야 자기동기력이 생겨나고, 회복탄력성(resilience)과 끈기(tenacity)가 있어야 자기조절력이 생겨난다.

뛰어난 업적을 남긴 사람들의 공통점은 세 가지로 요약된다.

(1) **재능**(잠재력)

(2) **열정**: 불굴의 의지, 도전의식, 자신감과 당당함 등으로 자신이 원하는 것이 무엇인지를 깊이 이해하고 있다.

(3) **열심히 노력할 수 있는 능력**: 좌절과 실패에도 포기하지 않고 끊임없이 노력하는 습관으로서 회복력이 강하고 근면하다. 공부에 재미와 의미를 느끼게 되면 내재적 동기가 부여된 것이다.

성공하는 사람들이 가진 특별한 점은 열정과 결합된 끈기다. 건강하고 부유하고 행복한 삶을 살게 하는 것은 지능이 아니라, 그릿을 포함한 비인지 능력이다. 공부를 잘하려면 그릿부터 키워야 한다. 즉 자기동기력과 자기조절력을 키워야 한다. 동기는 어떠한 행동을 열심히 하게 만드는 일종의 원동력이다. 동기에는 외재적 동기와 내재적 동기가 있다. 재미가 있어서 공부하는 사람은 더 효율적으로 공부하게 된다. 재미있고, 즐겁고, 덜 힘들고, 신나고, 기분 좋게 공부하기 때문이다.

인간의 성장을 위해서는 놀이가 필요하다. 자기 주변 환경을 자기 뜻대로 바꿔가는 놀이가 필요하다. 매슬로우(Abraham Maslow)는 이것을 '건강한 어린아이 같음'(healthy childishness)이라고 하였다.

내재동기 위주로 공부를 해야 하지만, 부가적으로 외재동기도 필요하다. 목표의식, 미래에 대한 비전, 공부에 대한 필요성 등을 수시로 일깨워 주는 것도 필요하다는 말이다. 보상 획득이나 처벌 회피만으로는 열정과 끈기를 끌어낼 수 없다.

자율성이 필요하다. 스스로 동기를 유발하는 자기동기력의 핵심인 자율성은 "내 인생에서 중요한 결정은 스스로 내린다. 누가 내게 이래라 저래라 할 수는 없다. 내 삶의 주인은 나다"라는 의식이다. 그러므로 부모가 강압적으로 게임을 못하게 한 청소년일수록 오히려 게임중독 성향을 보일 가능성이 높다.

한국교육은 흥미도(내재동기)나 자기주도학습(자율성)의 수준은 낮지만, 학력 수준만 높다는 것이 문제점이다. 학생들이 공부하는 이유를 물어보면, "엄마를 기쁘게 해드리기 위해서"가 1위를 차지한다. '공부가 좋아서, 재미가 있어서'라고 대답하는 학생은 드물다.

인간관계 스트레스는 언제나 해롭다. 외로움은 사람을 아프게 하는데 반해, 원만한 인간관계는 사람을 건강하고 행복하게 만든다. 우리의 몸과 마음은 하나다. 마음이 외로우면 몸이 아프고, 몸이 아프면 마음이 외로워진다. 좋은 인간관계는 면역력을 강화하고 스트레스를 완화시키며 사람을 건강하고 행복하게 만든다.

유전이냐 양육이냐?(Nature vs Nurture) 이 두 가지 중에 유전적 요소보다는 양육 방식이 더 중요하다. 가정 내의 부모보다는 집 밖에서 만나는 학교 친구들이나 동네 아이들이 훨씬 더 중요하고 강력한 영향을 미친다.

그릿을 기르는 네 가지 방법

그릿이 발달할 수 있다면 어떤 식으로 발달할까?

첫째는 관심이다. 열정은 당신이 하는 일을 진정으로 즐기는 데서 시작한다. 아이 스스로 열심히 해야만 한다.

둘째는 연습이다. 특정 영역에 관심을 느끼고 발전시킨 다음에는 온 마음을 다해 집중하고 난관을 극복하고 기술을 연습하고 숙달시켜야 한다. 자기동기력과 자기조절력으로 스스로 의지를 발휘해야 반복적인 연습을 하게 된다.

셋째는 목적이다. 자신의 일이 중요하다는 확신이 열정을 무르익게 한다. 목적이 없는 관심은 계속 유지하기 어렵다.

넷째는 희망이다. 위기에 대처하게 해주는 끈기를 말한다. 희망은 모든 단계에서 나타나는 특징이다.

열악한 환경 속에서도 역경을 극복하고 잘 성장하는 아동들이 있다. 워너(Emmy Werner, 1982)는 비교 문화적 연구를 통해, 고난과 역경을 잘 견뎌내면서 성장하는 아동들이 존재함을 확인하고 이러한 아동들의 성격 특질을 설명하기 위해 회복탄력성(회복력)이라는 용어를 처음으로 사용하였다.

무슨 일이 일어나느냐가 아니라 일어난 일을 놓고 어떻게 반응하느냐에 따라 행복해질 수도 있고 불행해질 수도 있다. 인성과 성품이 우리의 반응과 운명을 좌우한다는 말이다.

회복탄력성은 마음의 근력으로서 끈기, 강인성, 목표지향성, 성공에 대한 건강한 열망, 성취동기, 교육에 대한 열망, 미래에 대한 믿음, 희망, 목적의식, 통합감 등 다양한 구성요소를 포함한다. 의지력, 자제력, 끈기, 근성과 같은 성실성 요소들은 아이들의 삶을 풍요롭게 할 가장 강력한 힘이다. 자제력은 한 사람의 인생에서 그 어떤 것보다 큰 영향을 미친다.

브렌트(2014)는 회복탄력성의 세 가지 기본요소를 다음과 같이 정리했다. I have; I am; I can.

- **소속감**(정체성: identity): I have somebody. 나를 좋아하고 도와주는 사람들이 곁에 있다. 이는 정체감과 관련되어 있다. "나는 누구인가?"에 대한 답이 바로 자아정체감이다. 내가 누구인지를 잘 알아야 자신감이 생기고 하는 일도 성공할 수 있다. 현재의 나를 정확히 알아야 어디로 어떻게 갈지 알 수 있다. 나는 누구인지, 내가 하고 싶은 일은 무엇인지, 내가 잘할 수 있는 일이 무엇인가를 알아야 한다. 좀 더 구체적으로 '나는 무엇을 잘 할 수 있나?'(적성), '나는 무엇을 좋아하나?'(흥미), '나는 무엇을 더 가치 있게 여기나?'(가치관), '내가 환경에 적응하는 일관된 행동양식은 무엇인가? 나의 신체는 어떤 일을 하기에 적합한가?'(신체 조건) 등을 충분히 알아야 한다.

정체감은 소속감과 관계 속에서 정립되는 것이다. 소속감을 충족시켜 주면, 학생들의 의사결정 능력과 작업 기억이 향상된다는 것이 밝혀졌다. 주변 사람들과의 인간관계가 튼튼하고 강한 소속감과 연대감, 안정감을 느끼는 사람은 스트레스를 잘 이겨낸다. 원만한 인간관계는 사람을 건강하고 행복하게 만든다. 회복탄력성의 핵심 요소가 바로 건강한 인간관계를 맺는 능력이다.

정체성이란 다른 사람과 나를 구분해 주는 특성을 말한다. 본인이 본인에 대해 가지고 있는 확고한 신념을 말한다. 정체성은 오랜 시간 동안 다양한 역할, 상황, 그리고 집단들과의 관계 속에서 고정된 의미로 남는 것이다. 자아정체성이란 나무의 뿌리와 같아서 깊이 땅에 뿌리를 내렸을 때만 굳게 설 수 있고 어떠한 폭풍우라도 이겨낼 수 있다.

내가 나에 대해 갖고 있는 관점, 관념, 태도 같은 것을 자아정체감이라 하는데, 이것이 정립되어야 내 인생의 주인은 나라는 주체성을 갖게 되고, 이 세상에 대한 책임감이 생기며, 국가와 사회의 과거와 현실을 바로 보는 세계관이 확립될 수 있다. 나아가 자기 적성과 여건에 맞는 직업을 선택하고, 자아실현과 사회봉사를 할 수 있다(이의용, 2013).

- **가치감**: I am worthy. 나는 사랑받을 만한 사람이며 나 자신뿐 아니라 다른 사람 또한 존중한다. 자기존중감(자기긍지감, 자부심)은 자신이 가치 있는 존재라고 느낄 때 경험되는 긍정적 감정이다. 자존감이 있는 사람은 자신이 능력이 있고, 존재 가치가 있으며, 믿을 만하다고 생각한다. 무엇보다 중요한 것은 내가 나를 어떻게 생각하느냐 하는 것이다.

자존감은 한 사람으로서 자신의 가치에 대한 감정인데, 쉽게 말하면 '자기 자신에 대한 만족감'이라고 할 수 있다. 심리학자 수잔 하터(Susan Harter)는 자존감 다차원 모델을 개발했는데, 아이의 자존감을 학업 유능성(공부를 잘한다), 사회적 승인(선생님이 멋진 아이라고 생각한다), 신체적 외양(얼굴이 예쁘다), 운동 유능성(대회에서 선발된다), 행동적 품성(친구를 잘 도와준다) 등 다섯 가지 영역으로 나누어 알아보는 것이다.

부모는 무엇보다 아이의 높은 잠재력을 믿어야 한다. 부모나 교사의 높은 기대와 믿음은 그대로 자기실현적 예언이 된다. 자존감이 높으면 회복탄력성이 높게 된다.

건강한 자아상, 즉 높은 자존감은 더도 덜도 아니고 하나님이 자신을 보듯이 스스로를 보는 것이다(Josh McDowell).

- **효능감**: I can do it. 나는 현재의 문제를 해결할 수 있는 능력이 있으며 나 자신을 조절할 수 있으며, 나에게 주어지는 과제를 해낼 수 있다는 자신감이다. 자신감을 가지려면 욕구를 줄이고, 성공하는 경험을 자주 하며, 성공을 상상하고 자기 능력을 믿어야 한다. 성공을 확신하는 것이 성공으로 가는 첫걸음이다.

하나님이 우리에게 주신 것은 두려워하는 마음이 아니요 오직 능력과 사랑과 근신(절제)하는 마음이니(딤후 1:7). 성령은 우리에게 할 수 있다는 자신감을 주시는 분이다.

왜 자신감을 잃고 불안해하는가? 성공 경험이 부족해서다. 욕심을 버리고 이뤄낸 성과에 대해 만족해야 자신감이 생긴다. 능력에 맞는 일을 선택하여 성공하는 경험을 자주하면 자기효능감이 생긴다. 자기 능력을 믿어야 한다. "나도 잘할 수 있어"라는 자기 능력에 대한 강한 확신이 불안을 쫓아낸다.

욕망을 억제하는 것은 자제력을 소모하는 행위다. 자제력을 소모하면 집중을 못할 뿐 아니라 유혹에 굴복할 수 있다. 이럴 때는 아예 유혹이 될 만한 것을 제거해 버림으로써 자제력을 유지할 수 있도록 환경을 만드는 게 좋다. 예를 들어, 독서습관을 들일 때 극장 앞을 지나가는 대신에 도서관에 가서 독서를 하고, 영어 독해를 위해 유혹거리가 별로 없는 지하철을 타고 집에 귀가하는 것이다. 성실성을 유지하기 위해 사용할 수 있는 좋은 방법은 집중하는 일 외에 자제력을 소모하는 요소들을 제거해 버리는 것이다.

'뇌의 가소성'에 따르면, 우리가 무언가를 열심히 하면 뇌는 그 방향으로 성장하고 변하게 되며, 결과적으로 우리는 그것을 잘하게 된다. 다시 말해, 자제력도 훈련할 수 있는 것이다. 부모는 아이들이 꼭 해야 할 것들을 자제력의 소모 없이 할 수 있도록 환경을 만들어 주어야 한다. 유혹은 대항하는 것뿐만 아니라 효과적으로 피하는 것도 중요하다.

또한 가정에서 정한 규칙은 일관성 있게 지키도록 하는 것이 자제력을 키우는 데 큰 도움이 된다. 밥 먹는 자세, 등하굣 길에 인사하기, 안 좋은 말 쓰지 않기, TV · 스마트폰 보기는 하루에 1-2시간 넘기지 않기, 자기 전에 엄마 아빠와 책읽기 등 여러 가지가 있을 것이다.

"한 번의 큰 성공보다 일관성 있는 작은 행동이 위대함을 결정한다"(Jim Collins). 작은 행동을 일관성 있게 그리고 성실하게 해낼 때 위대함에 다가설 수 있다는 말이다.

회복탄력성을 향상시키는 두 가지 습관

회복탄력성을 높이는 가장 근본적인 방법은 소속감과 자존감, 그리고 대표 강점을 발견하여 수행함으로 효능감을 높이는 것이다. 이외에도 긍정적인 뇌를 만들기 위한 두 가지 비법은 몸과 마음에 들이는 좋은 습관이다. 하나는 '감사하기'로 이는 마음에 좋은 습관이고, 다른 하나는 '운동하기'로 이는 몸에 좋은 습관이다.

- **감사하기:** 지난 10여 년간 긍정심리학이 발견한 여러 가지 긍정성 증진 훈련방법 중에서 단연 최고의 효과를 지닌 것으로 입증된 것은 바로 '감사하기 훈련'이다. 감사하는 마음은 마음을 편안하게 해주고 가장 건강하고도 이상적인 상태로 유지시켜 준다.

사람이나 동물, 자연, 상황, 사건을 떠올리며 고마움을 마음으로 깊이 느껴 본다. 고마운 대상을 향하여 '감사 일기'를 써보는 것이다.

주변에 고마운 일, 고마운 사람을 떠올리며 감사 일기를 쓰다 보면 마음이 따뜻해지고 편안해지며 에너지가 재충전된다. 공부할 때 집중도 잘 되고 기억력도 좋아지며 회복탄력성이 높아지게 마련이다.

고마운 것을 떠올리기 어려워하는 사람은 '다행 일기'를 쓰는 것이 효과적이다. 예를 들어, "나는 …라서 다행이다. 나는 …가 아니라서 다행이다. 나는 비록 …지만 …가 아니라서 다행이다"라는 식으로 쓰는 것이다. 자신이 처해 있는 상황이 원하던 상황이 아니더라도 다행인 상황을 찾을 수 있는 힘이 생길 것이다.

- **운동하기**: 행복의 기본수준을 높이는 또 하나의 확실한 방법은 규칙적인 운동이다. 몸을 움직이면 뇌가 건강해진다. 운동은 우울증, 불안장애, 치매 등을 불러일으키는 병든 뇌를 치료할 수 있는 특효약이다. 이 약은 부작용도 없으며 체중조절 효과까지 덤으로 제공한다. 거의 만병통치약이라 할 만한 명약이다.

운동은 집중력과 침착성을 높이고 충동성은 낮춰 우울증 치료제인 프로작과 리탈린을 복용하는 것과 비슷한 효과가 있다. 규칙적인 운동을 하면 기억력, 집중력, 계획력, 조직력, 문제해결 능력 등에 탁월한 효과가 있다. 스트레스 감소, 동기부여, 자아존중감 증대, 대인관계 향상 등에도 운동이 탁월한 효과가 있는 것으로 나타났다(김주환, 2011).

무엇을 위해 사는가?

행복한 사람의 공통된 특성 중에는 분명한 목적의식이 있다. 즉 비전(vision), 사명(mission), 목표(objective)가 있다는 것이다. 비전은 언젠가 성취하겠다는 마음속의 그림이다. 인생의 모든 에너지를 집중할 초점, 정말 간절히 원하고, 기대하는 '그 무엇'이 바로 비전이다. 비전은 새로운 가치를 창조한다. 그래서 우리를 미래로, 이상의 세계로 잡아당겨준다. 비전에 따라 정해지는 게 그의 직업이다.

'직업'이란 "경제적 소득을 얻거나 사회적 가치를 이루기 위해 참여하는 계속적인 정신적·육체적 활동"이다. 우리가 직업을 갖고 일하는 목적은 일차적으로는 돈을 벌기 위한 것이지만, 사회적 인정이나 자아실현을 위해, 가족과 공동체 전체의 행복을 위해서도 일한다.

직업을 가리키는 말은 career, occupation, job, profession, business, calling, mission 등 다양하다. 사명은 비전을 성취할 방법(일)이다. 임무가 지속적이고 반복적이면 '직업'(職業)이 된다. 어떤 임무가 사명이 되려면 천직(天職)이어야 한다. '천직'은 타고난 직업이다. 하늘이 불러서 맡겼다는 의미로 기독교문화권에서는 '소명'(calling)이라고 한다.

비전은 같아도 각자의 능력이나 적성에 따라 사명(직업)은 사람마다 다를 수 있다. '사람을 살린다'는 비전을 이루기 위한 직업은 의사, 교수, 간호사, 약사, 의학자 등 얼마든지 다양할 수 있다. 어느 직업이든 "이 직업이 내게 주어진 사명이다", "나는 이 일을 하러 태어났다", "이 일은 내게 천직이다" 이런 생각을 하면서 신나게 일할 수 있다면 천직이 된다.

교수라는 천직을 수행하려면 대학에 진학해야 한다(1단계). 그리고 여러 교직관련 과목을 공부하여 일정한 점수를 얻어야 한다(2단계). 그리고 박사학위를 취득해야 한다(3단계). 따라서 어떤 직업을 찾고 그 일을 제대로 해내려면 이런 관문(목표)을 순서대로 통과해야 한다.

인생을 후회 없이 가치 있게 살아가는 사람들은 대부분 '비전-사명-목표'의 체계가 명확하다. 의욕도 없이, 의미도 없이, 좋아하지도 않는 일을 그저 먹고 살기 위해 마지못해 일하는 사람들은 사명(천직)이 아닌 일을 하는 사람이다.

톰 피터스(Tom Peters)는 "일을 할 때 첫 번째 전제는 지루하거나 재미없으면 안 된다는 점이다. 일은 무조건 재미있어야 한다. 일할 때 재미가 없다면, 당신은 인생을 낭비하고 있는 것이다. 인생을 낭비하지 마라. 즐겨라! 그러면 저절로 아이디어가 떠오른다"고 당부했다.

단지 먹고 살기 위해 벽돌을 쌓는 사람이 있는가 하면, 벽을 쌓기 위해 벽돌을 쌓는 사람도 있다. 그런가 하면 병원을 짓기 위해 벽돌을 쌓은 사람도 있다. 직업(job)에 높은 가치와 목적(vision)을 부여할 때 그 직업은 사명(mission)이 된다.

당신은 천직에 종사하고 있는가? 당신의 자녀가 천직을 발견해 그에게 주어진 사명을 감당하도록 어려서부터 올바른 인성(성품: 태도)을 키워 주어야 하지 않겠는가?

행복은 스스로 가치 있게 생각하는 목표를 추구하는 과정에서 얻

을 수 있다(Ed Diener). 알기만 하는 사람은 좋아하는 사람만 못하고, 좋아하는 사람은 즐기는 사람보다 못하다(공자). 인생의 사명을 발견하고 이를 성취하기 위해 노력하는 가운데 어떠한 난관도 극복해 낼 수 있는 회복탄력성을 키우려면 무엇이 필요한가?.

모든 것은 꿈에서 시작된다. 꿈 없이 가능한 일은 없다. 먼저 꿈을 가져라. 꿈을 이루고 실현하는 과정에 행복이 있다. "내 평생의 시간, 돈, 에너지를 모두 쏟아 부어도 아깝지 않은 '그 일', 생각만 해도 가슴이 두근거리는 '그 일'을 찾는 날이 진정한 내 생일이다." 인생은 선택의 연속이다. 인생에는 '처음부터 다시'라는 '리셋'(reset)도 없고, '지우기'(delete)도 없다. 그러니 매순간 선택을 잘해야 한다. 인성교육은 바로 선택을 잘하도록 도와주는 교육이다.

국가 수준에서 볼 때 우리가 지향해야 할 공동체적 이상과 목표는 '물질적 혹은 외형적 성장'이 아닌 '내면적, 정신적 성숙'이다. 물론 '곳간이 차야 인심이 난다'는 말이 있듯이 경제적인 기초생활이 구비되지 못할 경우 도덕심과 후덕한 마음을 견지하기는 어려울 것이다. 재산과 지위는 가졌지만 성품이 고약한 사람을 성숙한 사람이라고 부르지 않듯이, 국력이 있어도 국격이 없는 나라를 성숙한 사회라고 부르지 않는다. 국격은 근본적으로 사람들의 인간적 정서, 준법성, 도덕성의 수준이 결정하는 것이다.

종교개혁자 마르틴 루터(Martin Luther)는 "한 나라의 국력은 군사력, 경제력에 달려 있는 것이 아니라 그 나라의 국민이 얼마나 성품 좋은 국민이냐에 달려 있다"고 말한 적이 있다.

세상에서 가장 중요한 것은 어찌하면 내가 진정 나다울 수 있는가를 아는 것이다. 현재의 나를 인정하고 나답게 살아가는 것이 중요하다. 내가 나답게 살아가기 위해서는 무엇보다도 '나는 지금 행복합니다'라고 고백할 수 있어야 한다.

과연 인간답게 산다는 것은 무엇일까? 행복한 삶을 살려면 무엇이 필요할까? 행복한 삶이 가능하려면 의·식·주 등 기본생계 해결이라는 '삶의 양'적 측면과 더불어 건강과 여유, 존중과 평등, 우애의 공동체, 그리고 조화로운 생태계 등 '삶의 질'적 측면이 충족되어야 한다. 친구 혹은 사랑하는 사람, 이웃, 대화의 상대, 기쁨과 슬픔을 나눌 수 있는 사람이 행복한 삶의 필수조건이라 할 것이다.

행복의 조건에 대한 연구에서 우선순위에 오른 것은 성공이나 권력, 잘생긴 외모 같은 것이 아니었다. 단연 1위에 오른 것은 인간관계였다. 친밀한 관계, 좋은 관계를 가지고 있을 때 사람들은 가장 행복하다. 행복은 관계에서 나온다. 인간은 부모와 자녀, 스승과 제자, 어른과 아이, 상사와 부하 등과 같은 수직적 관계와 부부, 형제, 친구, 동료, 이웃 등과 같은 수평적 관계를 맺고 정신적, 육체적, 물질적으로 서로 영향을 주고받으면서 산다. 우리는 사회적 관계의 그물망 속에서 삶을 영위하고 있다. 우리는 사회적 관계, 인간관계가 원만할 때 삶의 질이 높아지고 행복지수가 올라간다.

하버드대학에서 성공한 CEO를 대상으로 한 설문조사에 따르면,

성공과 행복의 조건으로 직무 능력이 15%, 인간관계 능력이 85%라고 밝혔고, 직장에서 해고당한 사람의 95%가 인간관계 능력의 부족 때문이었다고 발표했다. 아니나 다를까, 한국교육개발원(2013)의 연구조사에서 교사들은 가장 중요한 인성교육의 목표는 피차 배려하는 것(28.1%)과 존중하는 것(15.3%)이 되어야 한다고 응답했다.

행복학의 아버지 에드 디너(Ed Diener) 교수도 매우 행복한 사람들의 공통점은 좋은 관계와 유대관계라고 말한다. 삶에서 가장 중요한 것은 인간관계다. 인생에서 중요한 것은 부나 명예 같은 배경이나 지능이 아니라 다른 사람들과의 관계다(George Vaillant). 인간의 행복은 바로 사이(between)에서 온다. "궁극적 가치를 위해서는 모든 종류의 대인관계가 중요하다"(Tal-Ben Shahar). 행복한 사람은 가깝고 의지할 수 있는 가족과 친구들이 많다. 철학자 칸트는 "세상에서 가장 행복한 순간은 사랑하는 사람과 맛있게 밥을 먹을 때"라고 했다.

삶의 만족도가 높은 사람들은 어떤 사람들인가? 장기적으로 성공하고 행복하면서도 선한 일을 많이 하는 사람들에게는 공통점이 있다. 그중 하나가 일과 개인생활, 즉 건강이나 가족관계, 친구관계 등에서 균형과 조화를 이뤘다는 점이다. 진정한 행복을 누리기 위해서는 우선순위와 균형, 그리고 일과 가정의 조화가 중요하다는 말이다.

도덕적인 행동은 훈련받고 연습을 많이 한 사람이 더 도덕적인 행동을 한다. 옳고 바른 행동을 가정과 학교에서 구체적으로 가르쳐 주어야 한다. 도덕은 연습을 통해 성숙해진다. 옳은 일을 하는 데도 연습이 필요하고, 나쁜 일을 하지 않기 위해서도 연습은 필요하다. 희생, 양보, 배려 등 도덕적 행동은 손해를 감수해야 지켜진다. 손해와 불이익에도 불구하고 도덕적 행동을 하기 위해서는 연습과 훈련이 필요하다(문용린, 2015).

행복은 큰 사건에 의해 좌우되는 것이 아니라 작고 사소한 일에 의해 결정된다. 행복이라는 강은 부에 의해서 불어나는 것이 아니라, 일상 속에서 일어나는 하잘것없고 작은 일, 유쾌한 일이 모이고 모여 불어나는 것이다.

범위 빈도 이론(Allen Parducci's range-frequency theory)

기쁨의 빈도가 기쁨의 강도(intensity)보다 중요하다. 복권 당첨이나 금메달 수상과 같은 극단적인 경험을 한 번 겪으면, 감정이 반응하는 기준선이 변해 그 후 어지간한 일에는 감흥을 느끼지 못한다. 행복은 복권 같은 큰 사건으로 얻게 되는 것이 아니라, 사과나 김치 같은 소소한 즐거움의 가랑비에 젖는 것이다. 행복은 '한 방'으로 해결되는 것이 아니다. 행복은 기쁨의 강도가 아닌 빈도에 있다. 그래서 **행복은 대박이 아니라 누적**이라는 말이 있다. 행복한 사람은 행복감을 강하게 느끼는 것이 아니라 자주 느끼는 사람이라는 것이다.

모든 쾌감은 소멸되기 때문에, 한 번의 커다란 기쁨보다 작은 기쁨을 여러 번 느끼는 것이 좋다. 큰 기쁨이 아니라 여러 번의 작은 기쁨을 자주 경험하는 것이 중요하다. 사소한 일을 자주하라(Small things often). 작은 기쁨을 자주 경험하는 데 행복이 있다.

행복의 기본수준은 일차적으로는 유전적 요인에 의해서 결정된다. 태어나면서부터 긍정적이고 밝은 성격의 사람이 있는가 하면, 날 때부터 부정적이고 어두운 성격의 소유자도 있다. 그러나 행복의 기본 수준은 체계적인 노력과 선택적 활동을 통해 얼마든지 향상될 수 있다는 것 또한 밝혀졌다.

행복을 위한 9가지 원리

긍정심리학자이며 전 교육부장관을 역임한 문용린(2016)은 행복을 위한 9가지 원리를 제시했다.

(1) 감사하면 행복해진다. 범사에 감사하라. 긍정적 정서, 즉 감사, 희망, 배려, 사랑, 호기심, 열정, 만족, 즐거움을 자주 느끼는 사람이 행복하다.
(2) 관점을 바꾸면 행복해진다. 마음을 바꾸면 세상이 다르게 보인다.
(3) 비교하지 않으면 행복해진다. 행복의 최대의 적은 비교하기다.
(4) 꿈과 목표를 가지면 행복해진다. 목적이 이끄는 삶이 행복하다.
(5) 현재의 즐거움을 키울수록 행복해진다. 현재를 즐겨라.
(6) 좋은 인간관계를 맺으면 행복해진다. 행복은 사이에 있다. 행복은 가까운 사람과 사이좋게 지내는 데서 온다. 부부, 자녀, 친구, 동료와 친밀한 관계를 누릴 때 행복하다. 인간은 사랑을 갈구하고 사랑하는 사람과 행복하게 지내기를 원한다. 사실 행복하고 건강한 삶을 위해 사랑을 주고받는 것이 얼마나 소중한지는 누구나 본능적으로 알고 있다.
(7) 용서하면 행복해진다. 용서는 자신에게 주는 최고의 선물이다.
(8) 몰입이 잦고 깊을수록 행복해진다. 뭔가에 집중하는 것, 그 자체가 행복이다. 좋아하는 일에 성취를 이룬 사람이 행복하다.
(9) 나누고 베풀면 행복해진다. 남을 행복하게 하면 나도 자연히 행복해진다.

행복이란 가뭄에 콩 나듯이 어쩌다가 오는 행운 때문에 생기는 것이라기보다는 일상생활에서 자주 일어나는 작은 기쁨에서 생기는 것이다(Benjamin Franklin). 결국 행복과 불행을 좌우하는 것은 매사를 긍정하고 감사하는 성품(인성)이다.

행복은 타인과 교류할 때 자동적으로 발생하는 일종의 부산물이라고 볼 수 있다. 물론 그건 내가 좋아하고 나를 좋아하는 사람과 만날 때다. 가장 피곤한 인생은 곁에 사람이 없는 인생이다. 사람이 없다면 천국조차 갈 곳이 못 된다. **성격적 강점과 덕성을 키우는 인성교육이 왜 필요한가?** 올바른 품성교육으로 사람들이 자신을 사랑하고 이웃을 사랑하며, 자신이 하는 일을 즐겨하는 인성을 지닐 때, 우리 모두의 행복도를 높일 수 있기 때문이다.

자신의 성격적 강점과 좋은 성품, 덕성(virtue: 지혜, 사랑, 용기, 절제, 정의, 초월)을 삶의 중요한 영역(일, 사랑, 놀이, 자녀양육)에서 잘 발휘하며 사는 것이 진정한 행복이다(Martin Seligman). 내가 행복해지는 가장 좋은 길은 남을 행복하게 하는 것이다.

행복이 무엇인지 이해하면서 자란 행복한 아이들은 자신에게 주어진 학문의 기회를 기쁨으로 받아들이고 다른 이의 행복에도 이바지하며 살 것이다(Nicholas Gaitan, 2013).

우리는 다음 세대를 행복하게 하고 삶의 만족도를 높이기 위해 무엇을 해야 하는가? 도덕교육, 성품교육, EQ를 높이는 교육, 인성교육을 강화해야 한다. 옳은 일을 하는 데도 연습이 필요하고, 나쁜 일을 하지 않기 위해서도 연습이 필요하다. 정직, 약속, 용서, 책임, 배려, 소유, 희생, 양보, 등 도덕적 행동은 손해를 감수해야 지켜진다. 손해와 불이익에도 불구하고 도덕적 행동을 하기 위해서는 계속적인 연습과 훈련이 필요하다.

"나 스스로 건강한 나무 한 그루로 성장하되 더불어 아름다운 숲을 만들자"(신영복, 2003). 우리 스스로를 나무라 치고 내 인생의 나무를 잘 가꾸자는 말이다. 그래서 더운 여름을 지나고 가을이 되어 아름다운 열매를 맺을 수 있는 그런 멋진 나무로 만들어 보자. 그 열매가 과일이든 솔방울이든, 먹을 수 있든 없든 관계없이 인생의 나무 한 그루씩 멋지게 잘 길러서 다른 나무들과 함께 아름다운 숲을 이루자는 것이다. 그러면 나중에 정말 멋진 사회로 발전하지 않을까?(강수돌, 2015).

돈으로 행복을 살 수 있을까?

우리 삶의 궁극적 목표는 행복이다. 130여 년 전 인간의 행동을 과학적으로 연구하는 심리학이 태동한 이후 심리학은 주로 인간의 병리적 부분을 연구하였다. 그동안 심리학은 정신적 고통과 병리적 증상을 진단하고 치료하는 것을 임무로 하였다. 오랫동안 심리학자들의 주 관심사는 정신병리, 즉 불행한 사람들에 관한 것이었다. 정신증(조현병), 신경증(기분장애, 불안장애), 인격장애를 진단하고 치료하는 것이 주 관심사였다.

그런데 1998년 심리학 연구에 새로운 방향 전환이 있었다. 미 심리학회 회장 마틴 셀리그먼이 이제부터 건강하고 행복한 사람을 연구하자고 제안한 것이다. 바로 긍정심리학이 탄생한 것이다. 긍정심리학은 (정신장애에만 초점을 맞추는) 질병 모델에만 초점을 맞췄던 것에서 벗어나 우리의 인생을 더 즐겁고 의미 있게 하는 요인이 무엇인가에 심리학적으로 접근하려는 노력이다. 긍정심리학이 발견한 것은 우리가 행복을 엉뚱한 데서 찾고 있다는 것이다.

돈으로 행복을 살 수 있을까? 우리는 경쟁에서 이기는 성취의 경험과 돈(물질주의)에서 행복을 찾고 있다. 그러나 돈 자체는 행복 촉진제라기보다 불안 완화제의 성격이 더 강하다는 것이 밝혀졌다. 긍정심리학자들의 연구에 의하면, 돈의 정확한 액수는 조금씩 다르지만, 가계소득 수준이 0에서 대략 6만 달러를 향해 늘어갈수록 행복감이 상승하는 것으로 나타난다. 그런데 6만 달러를 넘어서는 지점부터는 행복감이 전혀 상승하지 않는다. 이 지점을 넘어서면 돈과 행복의 상관관계는 사라진다. 성경은 말한다. "우리가 먹을 것과 입을 것이 있은즉 족한 줄로 알 것이니라"(딤전 6:8).

돈을 어떻게 쓰는가와 어떻게 바라보느냐가 중요하다. 돈은 수많은 목적을 위한 매개물일 뿐이다. 돈은 우리의 삶을 편리하게 하지만 우리를 행복하게 하는 것은 돈을 의미 있게 쓰고 남을 위해서 쓸 때다. "긍정심리학들의 조언은 돈을 쓰되 가급적 물건이 아닌 경험을 사는 데 쓰라는 것이며 나보다 어려운 처지에 있는 사람을 위해 돈을 쓰라는 것이다"(서은국, 조선일보, 2017. 4. 22).

행복은 결국 관계에서 온다

우리는 흔히 '나에게 ○○이 있으면 행복할 거야'라고 생각한다. 그 것이 물건이든 돈이든 지위든 '나는 ○○ 때문에 행복하다'는 망상을 한다.

죽음을 앞둔 사람 중 "좀 더 열심히 일할 걸!" 하며 후회하는 사람은 거의 없다. 하지만 "아내에게 좀 더 잘할 걸…" 혹은 "사람들에게 더 착하게 대했어야 하는데…"라고 후회하는 사람은 많다. 행복의 중요한 원천 중의 하나가 바로 연결하는 경험, 즉 사람들과의 관계이기 때문이다. 지혜자들이 우리에게 주는 조언은 '무언가를 열심히 하는 것도 중요하지만 소중한 사람들, 가족과 친구들의 가치를 잊는 실수를 범하지 말라'는 것이다. 내가 누구에겐가 소중한 존재인 것처럼, 대부분의 내 행복도 소중한 그들에게서 온다.

우리는 가끔 이런 이야기를 듣는다. 가족이나 친구를 돌아보지 않고 오직 성공을 향해 달려갔는데, 정작 무언가를 이뤘다고 자부하는 순간, 주위에는 자신의 성공을 축하해 주거나 함께 기쁨을 나눌 사람이 아무도 없다는 것이다.

만족의 85%는 의미 있는 관계에서 온다. 사람들에게 사회생활에서 무엇이 가장 어렵고 힘든가를 물어보면 대부분은 그 원인이 '일' 자체가 아니라 '사람'에게 있다고 대답한다. "네 이웃을 네 자신처럼 사랑하라." 예(禮), 효(孝), 정직, 책임, 존중, 배려, 소통, 협동 등의 덕목은 모두 관계기술에 속하는 것이다. 성품, 즉 인성은 한 사람의 생각, 감정,

행동의 총체적 표현이다.

행복한 사람들은 사회성이 상당하며 대화를 즐긴다. 정서적으로 메마르지 않고 감성이 풍부하다. 우리는 무엇으로부터 정서를 가장 많이 느낄까? 바로 사람이다. 그래서 관계와 정서적 행복은 떼려야 뗄 수 없는 관계다. 수많은 심리학자가 기억력, 계산 능력과 같은 단편적 사고 능력을 보여 주는 지능지수(IQ)보다 더 중요하게 생각하는 능력이 감정과 정서를 아우르는 감성지수(EQ)라고 말한다. 우리가 경험하는 기쁨,(희락), 환희, 사랑, 감사 등의 긍정적 감정은 거의 대인관계에서 오는 것이다.

행복한 삶을 만들어 주는 또 다른 요소는 바로 의미 있는 삶이다. 의미 있는 삶은 자신만의 강점을 살려 공동체를 위해 봉사하는 것을 말한다. "각각 은사를 받은 대로 하나님의 여러 가지 은혜를 맡은 선한 청지기같이 서로 봉사하라"(벧전 4:10). 남에게 좋은 영향을 미치고 자기 초월적으로 이타적인 봉사를 할 때 우리는 보람을 느낀다.

"오직 선을 행함과 나눠 주기를 잊지 말라. 하나님은 이 같은 제사를 기뻐하시느니라"(히 13:16). 다른 사람에게 선을 행하고 내가 남을 위해 배려한 양과 질을 기억하는 순간 '아, 나도 꽤 괜찮은 사람이구나'라는 느낌을 경험할 수 있다.

행복은 결코 저절로 주어지는 게 아니다. 행복은 자신이 얼마나 노력하느냐에 따라 느낄 수 있는 것이다. 즐거움, 만족, 행복감 등은 대부분 긍정적 정서다. 그리고 불안, 슬픔, 공포, 긴장감 등은 부정적 정서다. 우리 두뇌 구조를 보면, 일반적으로 부정적 정서를 담당하는 뇌 구조물은 안쪽에(편도체), 그리고 긍정적 정서를 담당하는 뇌 구조물은 더 바깥쪽(대뇌피질)에 분포한다.

조지 베일런트 교수는 말했다. 성공적이고 행복한 사람들의 첫 번째 공통점은 "삶의 고통에 적응하는 자세를 배우는 것"이다. 유머와 승화, 이타심과 같은 방어기제, 즉 긍정적 태도를 구사한다는 것이다. 긍정적인 태도란 어떤 상황에서도 가장 희망적인 생각과 말, 그리고 행동을 선택하는 마음가짐이다.

이는 무엇을 의미하는가? 긍정적 정서를 느끼기 위해서는 우리의 후천적 노력이 필요하다는 것이다. 행복과 기쁨, 재미는 우리가 그 느낌을 향해 많은 노력을 해야만 가질 수 있다. 그러므로 심리학자들은 "행복은 궁극적으로 우리의 선택에 달려 있다, 마음먹기에 달려 있다"고 하는 것이다. 우리도 행복을 선택하고, 우리 자녀들도 행복을 선택하도록 가르치자.

강수돌.『행복한 삶을 위한 인문학』. 이상북스, 2015.

강준만.『박근혜의 권력중독; 의전 대통령의 재앙』. 인물과사상사, 2016.

고영성.『부모공부』. 스마트북스, 2016.

권석만.『긍정심리학』. 학지사, 2008.

______.『인간의 긍정적 성품』(긍정심리학의 관점). 서울: 학지사, 2011.

권영애. "인성교육, (미덕 깨우기)가 답이다,"『학교현장의 인성교육 실천방안』, 위즈덤교육포럼, 2016.

김경일.『지혜의 심리학』. 진성북스, 2017.

김대식.『이상한 나라의 뇌과학』. 경기: 문학동네, 2015.

김덕균·김성기·박호남·윤여빈·정규훈.『글로벌 세대를 위한 예절여행』. 대한교과서, 2004.

김병완.『김병완의 공부혁명』. 진성북스, 2016.

김상인. "인성교육 핵심가치 덕목 실천을 위한 부모의 역할,"『학교현장의 인성교육 실천방안』. 위즈덤교육포럼, 2016.

김석돈.『행복한, 너무나 행복한 즐거운 정직』. 도서출판 행복에너지, 2016.

김병완.『마흔, 행복을 말하다』. 서울: 무한, 2012.

김정운.『노는 만큼 성공한다』. 21세기북스, 2013.

김주환.『회복탄력성』. 위즈덤하우스, 2011.

_____.『그릿: GRIT』. 샘파커스, 2013.

김형석 외 7인.『우리는 무엇으로 행복해지나』. 프론티어, 2016.

니콜라스 게이턴.『행복은 나에게 있다』. 문세원 역. 라이프맵, 2013.

데보라 태넌.『남자를 토라지게 하는 말, 여자를 화나게 하는 말』. 한언, 2001.

레오 보먼스.『세상 모든 행복』. 서울: 흐름출판, 2012.

마이클 폽킨.『부모코칭 프로그램, 적극적인 부모역할』. 학지사, 2007.

문용린. "인성교육이 희망이다,"『학교현장 인성교육 어떻게 실천할 것인가』. 위
    즈덤교육포럼, 2015.

바바라 프레드릭슨.『내 안의 긍정을 춤추게 하라』. 물푸레, 2015.

박의수. "창의. 인성교육과 교육의 본질,"『학교현장 인성교육: 어떻게 실천할 것
    인가』. 위즈덤교육포럼, 2015.

서울대학교 행복연구센터(문용린, 최인철 외).『행복교과서』. 월드김영사,

손봉호· 옥명호.『답 없는 너에게』. 홍성사, 2015.

신영복.『더불어 숲』. 랜덤코리아하우스, 2003.

안드레아스 쾨스텐버거.『성경의 눈으로 본 결혼과 가정』. 윤종석 역. 아바서원,
    2016.

앤젤라 더그워스.『그릿』. 김미정 역. 비즈니스북스, 2016.

『예수님의 품성닮기 21』. 라이즈업 코리아 운동본부, 2014.

이경채.『인생 레시피』. 프로방스, 2017.

이기능· 황규철. "PIPES 인성교육모델에 기반한 영적 작업 프로그램이 대학생
    의 영성과 인성변화에 미치는 영향,"『신앙과 학문』. 2016년 12월호.

이대희.『유대인의 탈무드식 자녀교육법』. 베이직북스, 2014.

_____.『유대인의 밥상머리 자녀교육법』. 베이직북스, 2016.

이무석.『성격: 아는 만큼 자유로워진다』. 두란노, 2014.

이민규.『행복도 선택이다』. 더난출판, 2012.

이영숙.『이제는 성품입니다』. 서울: 아름다운 열매, 2007.

______.『성품좋은 아이로 키우는 부모의 말 한 마디』. 서울: 위즈덤하우스, 2009.

______.『행복을 만드는 성품』. 두란노, 2010.

______.『성품양육 바이블』. 서울: 물푸레, 2010.

______.『한국형 12성품교육론』. 좋은나무성품학교, 2011.

이용태.『인성교육, 성적보다 먼저다』. 에디터, 2008.

이의용.『스무살의 나의 비전』. 학지사, 2013.

______. "인성교육의 실천적 방안을 제언한다,"『학교현장 인성교육: 어떻게 실천할 것인가』. 위즈덤교육포럼, 2015.

이은정. "버츄(virtues)활용 인성교육 프로그램이 초등학교 고학년의 자아탄력성, 감성지능, 및 자아존중감에 미치는 효과", 한국인간발달학회, 2014.

전성수.『복수당하는 부모, 존경받는 부모』. 베다니출판사, 2008.

______. "인성도 좋아지고, 공부도 잘하는 방법: 함께하는 공부 하브루타의 힘,"『학교현장 인성교육 어떻게 실천할 것인가』. 위즈덤교육포럼, 2015.

전 영. "인성교육, 실천이 답이다",『학교현장 인성교육: 어떻게 실천할 것인가』. 위즈덤교육포럼, 2015.

정동섭.『부부연합의 축복』. 요단, 2014.

정동섭.『행복의 심리학』. 학지사, 2016.

정인석.『의미 없는 인생은 없다』. 학지사, 2013.

정정숙.『마음을 움직이는 10가지 대화기술』. 물푸레, 2016.

정창우. "인성교육의 원리와 실천방안",『학교현장 인성교육 어떻게 실천할 것인가』. 위즈덤교육포럼, 2015.

조벽.『인성이 실력이다』. 해냄, 2016.

조현섭. "부모인성이 좋아야 아이인성도 좋다,"『학교현장 인성교육: 어떻게 실천할 것인가?』. 위즈덤교육포럼, 2015.

존슨, 수잔.『우리는 사랑에 대해 얼마나 알고 있을까』. 박성덕·김성은 공역. 지식너머, 2015.

주건성.『인성은 미래다』. 인성학, 2015.

주철환. "내가 먼저 좋은 친구가 되는 법,"『꿈키움 가족인성캠프』. 한국인성교육실천포럼, 2015.

차명호. "21세기 인성교육 실천방안 고찰,"『학교현장 인성교육 어떻게 실천할 것인가』. 위즈덤교육포럼, 2015.

찰스 셀.『가정사역』. 정동섭 역. 생명의말씀사, 1997.

최삼경.『이종윤 목사 40년 표절 설교를 밝힌다』. 교회와신앙, 2016.

최성애.『나와 우리 아이를 살리는 회복탄력성』. 해냄, 2014.

최성애·조벽.『청소년 감정코칭』. 해냄, 2012.

최원호.『인성교육개론』. 학지사, 2016.

크리스토퍼 피터슨.『긍정심리학 프라이머』. 문용린, 김인자, 박수현 역. 물푸레, 2009.

크리스틴 카터.『아이의 행복키우기』. 물푸레, 2010.

폴 투르니에.『여성, 그대의 사명은』. 홍병용 역. 한국기독학생회 출판부, 1995.

_____.『서로를 이해하기 위하여』. 정동섭 역. 기독교문서선교회, 1990.

피영민.『십계명』. 검과흙손, 2007.

한국교회언론회.『인성교육 진흥법 문제는 없는가?』. 2015. 9. 18.

할 어반.『인생의 목적』. 김문주 역. 더난출판, 2005.

Dan Baker & Greenberg. *What Happy Women Know*. New York: Rodale, 2007.

J. D. Frame. *Psychology and Personality Development*. Chicago: Moody Press, 1969.

P. F. Vincent. *Developing Character in Students*. Character Development
    Group, 1999.

Victor Frankl. *The Will to Meaning: Foundation and Application of Logo-
    therapy*: New York: New American Library, 1981.

William Compton. *An Introduction to Positive Psychology*. Thomson &
    Wadsworth, 2005.

회복력지수 테스트(RQ Test)

RQ(Resilience Quotient) 테스트는 모두 56개 문항이다. 문항에 답할 때 너무 오래 고심하지 말라. 처음부터 끝까지 10분 정도에 마쳐야 한다. 각 문항이 본인과 얼마나 일치하는지 다음 척도에 따라 대답하라.

1점 = 전혀 아니다. 2점 = 대체로 아니다. 3점 = 보통이다.
4점 = 대체로 그렇다. 5점 = 매우 그렇다.

____ 1. 문제를 해결하려고 노력할 때 나는 직감을 믿으며 처음 떠오른 해결책을 적용한다.

____ 2. 직장 상사, 동료, 배우자, 자녀와 미리 계획한 대화를 나눌 때도 나는 언제나 감정적으로 대응한다.

____ 3. 앞으로의 건강이 걱정스럽다.

____ 4. 당면한 과제에 집중하지 못하게 방해하는 어떤 것도 능숙하게 차단한다.

____ 5. 첫 번째 해결책이 효과가 없으면 원점으로 돌아가서 문제가 해결될 때까지 다른 해결책을 시도한다.

____ 6. 호기심이 많다.

____ 7. 과제를 집중하게 도와줄 긍정적인 감정을 활용하지 못한다.

____ 8. 새로운 것을 시도하기를 좋아한다.

____ 9. 도전적이고 어려운 일보다는 자신 있고 쉬운 일을 하는 것이 더 좋다.

____ 10. 사람들 표정을 보면 그가 어떤 감정을 느끼는지 알아차린다.

____ 11. 일이 잘 안 풀리면 포기한다.

_____ 12. 문제가 생기면 여러 가지 해결책을 강구한 후 문제를 해결하려고 노력
한다.

_____ 13. 역경에 처할 때 감정을 통제할 수 있다.

_____ 14. 나에 대한 다른 사람들 생각은 내 행동에 영향을 미치지 못한다.

_____ 15. 문제가 일어나는 순간, 맨 처음에 떠오르는 생각이 무엇인지 알고 있다.

_____ 16. 내가 유일한 책임자가 아닌 상황이 가장 편안하다.

_____ 17. 내 능력보다 타인의 능력에 의지할 수 있는 상황을 선호한다.

_____ 18. 언제나 문제를 해결할 수는 없지만 해결할 수 있다고 믿는 것이 더 낫다.

_____ 19. 문제가 일어나면 문제의 원인부터 철저히 파악한 후 해결을 시도한다.

_____ 20. 직장이나 가정에서 나는 내 문제 해결 능력을 의심한다.

_____ 21. 내가 통제할 수 없는 요인들에 대해 숙고하는 데 시간을 허비하지 않는다.

_____ 22. 변함없이 단순한 일상적인 일을 하는 것을 좋아한다.

_____ 23. 내 감정에 휩쓸린다.

_____ 24. 사람들이 느끼는 감정의 원인을 간파하지 못한다.

_____ 25. 내가 어떤 생각을 하고 그것이 내 감정에 어떤 영향을 미치는지 잘 파
악한다.

_____ 26. 누군가에게 화가 나도 일단 마음을 진정하고 그것에 관해 대화할 알맞
은 순간까지 기다릴 수 있다.

_____ 27. 어떤 문제에 누군가 과잉반응을 하면 그날 그 사람이 단지 기분이 나
빠서 그런 거라고 생각한다.

_____ 28. 나는 대부분의 일을 잘 해낼 것이다.

_____ 29. 사람들은 문제해결에 도움을 얻으려고 나를 자주 찾는다.

_____ 30. 사람들이 특정방식으로 대응하는 이유를 간파하지 못한다.

_____ 31. 내 감정이 가정, 학교, 직장에서의 집중력에 영향을 미친다.

_____ 32. 힘든 일에는 언제나 보상이 따른다.

_____ 33. 과제를 완수한 후 부정적인 평가를 받을까 봐 걱정한다.

_____ 34. 누군가 슬퍼하거나 분노하거나 당혹스러워할 때 그 사람이 어떤 생각을 하고 있는지 정확히 알고 있다.

_____ 35. 새로운 도전을 좋아하지 않는다.

_____ 36. 직업, 재정, 학업과 관련해서 미리 계획하지 않는다.

_____ 37. 동료가 흥분할 때 그 원인을 꽤 정확이 알아차린다.

_____ 38. 어떤 일이든 미리 계획하기보다는 즉흥적으로 하는 것을 좋아한다. 그것이 별로 효과적이지 않아도 그렇다.

_____ 39. 대부분의 문제는 내가 통제할 수 없는 상황 때문에 일어난다.

_____ 40. 도전은 나 자신이 성장하고 배우는 한 가지 방법이다.

_____ 41. 내가 사건과 상황을 오해하고 있다는 말을 들은 적이 있다.

_____ 42. 누군가 내게 화를 내면 대응하기 전에 그의 말을 귀기울여 듣는다.

_____ 43. 내 미래에 대해 생각할 때 성공한 내 모습이 상상되지 않는다.

_____ 44. 문제가 일어날 때 내가 속단해 버린다는 말을 들은 적이 있다.

_____ 45. 새로운 사람들을 만나는 것이 불편하다.

_____ 46. 책이나 영화에 쉽게 몰입한다.

_____ 47. "예방이 치료보다 낫다"는 말을 믿는다.

_____ 48. 거의 모든 상황에서 문제의 진짜 원인을 잘 파악한다.

_____ 49. 훌륭한 대처기술을 갖고 있으며 대부분의 문제에 잘 대응한다.

_____ 50. 배우자나 가까운 친구들은 내가 그들을 이해하지 못한다고 말한다.

_____ 51. 판에 박힌 일과를 처리할 때 가장 편안하다.

_____ 52. 문제는 최대한 빨리 해결하는 것이 중요하다. 설령 그 문제를 충분히 파악하지 못하더라도 그렇다.

_____ 53. 어려운 상황에 처할 때 나는 그것이 잘 해결될 것이라고 자신한다.

_____ 54. 동료와 친구들은 내가 그들의 말을 경청하지 않는다고 말한다.

_____ 55. 어떤 것이 갖고 싶으면 즉시 나가서 그것을 산다.

_____ 56. 동료나 가족과 '민감한' 주제에 대해 의논할 때 감정을 자제할 수 있다.

나의 점수 알아보기

1. 감정조절 점수

다음 문항의 점수를 적은 후 합하라: 13, 25, 26, 56　(긍정성 문항 총점 =　　　)

다음 문항의 점수를 적은 후 합하라: 2, 7, 23, 31　(부정성 문항 총점 =　　　)

긍정성 총점 − 부정성 총점 = ＿＿＿＿ 이것이 당신의 감정조절 능력 점수다.

- 평균 이상: 13점 초과 점수
- 평균: 6점에서 13점까지의 점수
- 평균 이하: 6점 미만 점수

2. 충동통제 점수

다음 문항의 점수를 적은 후 합하라: 5, 15, 42, 47　(긍정성 문항 총점 =　　　)

다음 문항의 점수를 적은 후 합하라: 11, 36, 38, 55　(부정적 문항 총점 =　　　)

긍정성 총점 − 부정성 총점 = ＿＿＿＿ 이것이 당신의 충동통제 능력 점수다.

- 평균 이상: 0점 초과 점수
- 평균: −6점에서 0점까지의 점수
- 평균 이하: −6점 미만 점수

3. 낙관성

다음 문항의 점수를 적은 후 합하라: 18, 27, 32, 53　(긍정성 문항 총점 =　　　)

다음 문항의 점수를 적은 후 합하라: 3, 33, 39, 43　(부정성 문항 총점 =　　　)

긍정성 점수 − 부정성 점수 = ＿＿＿＿ 이것이 당신의 낙관성 점수다.

- 평균 이상: 6점 초과 점수
- 평균: −2점에서 6점까지의 점수
- 평균 이하: −2점 미만 점수

4. 원인분석

다음 문항의 점수를 적은 후 합하라: 12, 19, 21, 48　(긍정성 문항 총점 =　　　)

다음 문항의 점수를 적은 후 합하라: 1, 41, 44, 52　(부정성 문항 총점 =　　　)

긍정성 점수 − 부정성 점수 = ＿＿＿＿ 이것이 당신의 원인분석 능력 점수다.

- 평균 이상: 8점 초과 점수
- 평균: 0점에서 8점까지의 점수
- 평균 이하: 0점 미만 점수

5. 공감과 회복력

다음 문항의 점수를 적은 후 합하라: 10, 34, 37, 46　　　(긍정성 문항 총점 =　　　)
다음 문항의 점수를 적은 후 합하라: 24, 30, 50, 54　　　(부정성 문항 총점 =　　　)
　긍정성 점수 – 부정성 점수 = ＿＿＿＿ 이것이 당신의 공감 능력 점수이다.
- 평균 이상: 12점 초과 점수
- 평균: 3점에서 12점까지의 점수
- 평균 이하: 3점 미만 점수

6. 자기효능감

다음 문항의 점수를 적은 후 합하라: 5, 28, 29, 49　　　(긍정성 문항 총점 =　　　)
다음 문항의 점수를 적은 후 합하라: 9, 17, 20, 22　　　(부정성 문항 총점 =　　　)
　긍정성 점수 – 부정성 점수 = ＿＿＿＿ 이것이 당신의 자기효능감 점수이다.
- 평균 이상: 10점 초과 점수
- 평균: 6점에서 10점까지의 점수
- 평균 이하: 6점 미만 점수

7. 적극적 도전

다음 문항의 점수를 적은 후 합하라: 6, 8, 14, 40　　　(긍정성 문항 총점 =　　　)
다음 문항의 점수를 적은 후 합하라: 16, 35, 45, 51　　　(부정성 문항 총점 =　　　)
　긍정성 점수 – 부정성 점수 = ＿＿＿＿ 이것이 당신의 적극적 도전 능력 점수이다.
- 평균 이상: 9점 초과 점수
- 평균: 4점에서 9점까지의 점수
- 평균 이하: 4점 미만 점수

추천도서

김주환. 『회복탄력성』, 위즈덤하우스, 2010.
케런 레이비치·앤드류 사테. 『절대회복력』. 우문식·윤상운 역. 물푸레, 2011.
소냐 류보머스키. 『행복의 신화』. 이지연 역. 지식노마드, 2013.